GAETANA

DRAME

Représenté pour la première fois, à Paris, sur le théâtre impérial de l'Odéon, le 3 janvier 1862

PARIS. — IMPRIMERIE DE J. CLAYE

RUE SAINT-BENOIT, 7

GAETANA

DRAME EN CINQ ACTES

EN PROSE

AVEC PRÉFACE INÉDITE ET POSTFACE

PAR

EDMOND ABOUT

CINQUIÈME ÉDITION

M · L

PARIS

MICHEL LÉVY FRÈRES, LIBRAIRES-ÉDITEURS

RUE VIVIENNE, 2 BIS, ET BOULEVARD DES ITALIENS, 15

A LA LIBRAIRIE NOUVELLE

1862

DÉDICACE

AUX HONNÊTES GENS

DE TOUTES LES OPINIONS

Je ne suis pas un homme habile, le succès de ce drame l'a prouvé.

Si je m'étais exercé dès l'enfance à nager entre deux eaux, je serais bien avec tout le monde. J'inspirerais à tous les partis une indifférence aimable. Je pourrais donner sur le théâtre une pièce bonne ou médiocre, ou même mauvaise, sans trouver aucune opposition. Mais j'aime mieux remonter les courants et casser la glace à coups de tête. Tant pis pour moi et pour *Gaetana !*

Si, du moins, par une autre sorte de politique, je m'étais enrôlé dans un parti ! Il y a deux partis en France : l'un qui donne toujours raison au gouvernement, lors même qu'il a tort; l'autre qui lui donne toujours tort, même lorsqu'il a raison. Le premier compose une majorité peu éclairée, mais énorme et imposante; le second forme une coalition active, remuante, et qui a remporté plus d'une victoire en quatorze ans. Si j'avais épousé l'opposition, l'opposition m'aurait défendu sans nul doute contre les champions du pouvoir. Si je m'étais inféodé au gouvernement impérial, j'ai lieu de croire que la force régnante m'aurait prêté quelques-uns de ces arguments sans réplique dont elle dispose en temps d'émeute.

Mais j'ai le malheur et l'honneur de n'appartenir qu'à moi-même. Je ne suis d'aucun parti, je ne marche pas sous un drapeau; j'aime mieux remuer librement les deux bras que de m'avancer en bel ordre de bataille, entre les coudes de mes voisins. La devise des partis et des armées est la même : « On ne raisonne pas sous les armes. » Or, je préfère à tous les bénéfices de l'association le droit d'agir et de penser suivant ma conscience. On peut entraver la liberté d'écrire, par des lois que nous subissons; mais l'homme qui se condamne lui-même à louer ou à blâmer aveuglément, sur un mot d'ordre, ce qui plaît ou déplaît à son parti, commet un suicide moral.

Les partis, masses brutales, prétendent qu'on les serve sans condition. A leurs yeux, tout acte d'indépendance et de discernement n'est que la trahison d'un soldat qui déserte. Es-tu pour l'empereur? Il faut approuver tout, la paix, la guerre, les traités inattendus, les espérances données, retirées, rendues, suspendues, les libertés sagement comprimées ou noblement rétablies, Novembre et Décembre, l'occupation de Rome et la campagne d'Italie, le ministère Falloux et le ministère Persigny, tous les ministères, tous les ministres, tous les préfets, tous les sous-préfets, tous les maires et Plassiart lui-même, jusqu'au jour où Plassiart est condamné en police correctionnelle! Si tu oublies un seul de ces devoirs, tu seras un homme peu sûr, un brouillon dangereux, sur qui personne ne peut compter, et qui ne doit compter sur personne. Es-tu contre l'empereur? Tu appartiens à l'opposition, et tu dois marcher avec elle, quoi qu'elle fasse. Il faut qu'en toute circonstance tu condamnes le gouvernement sans l'entendre. S'il accorde une amnistie à tes plus chers amis, tu flétriras l'amnistie. S'il prend les armes pour l'Italie que tu adores, tu prendras les armes contre lui. S'il discute le pouvoir temporel que tu déplores, tu défendras le pouvoir temporel. S'il relève au dehors la gloire du drapeau français, tu feras cause commune avec les ennemis de la France. Sinon, tu n'es qu'un faux opposant, un ennemi de la liberté, un déserteur, un apostat, un traître !

Cette morale des partis n'est pas la mienne. Je ne l'adopterai jamais, quoi qu'il puisse m'en coûter ; j'aime mieux être sa victime que son complice. Depuis que j'ai appris à tenir une plume, j'ai écrit honnêtement, bêtement si l'on veut, ce qui me semblait juste et vrai. Je me suis donc fait des ennemis dans tous les partis. Comme j'ai le style franc et la dent un peu dure, j'ai soulevé des haines d'autant plus implacables; mais je ne croyais pas qu'en 1862, dans un pays civilisé, chez un peuple poli, la haine pût se porter à de telles extrémités.

Je comprends la discussion, la lutte, la revanche et même la vengeance, pourvu qu'elle soit loyale. Les hommes que j'ai attaqués dans les journaux avaient des journaux pour se défendre. Ils en ont usé librement. J'ai riposté du mieux que j'ai pu, lorsque la chose en valait la peine; mais j'aurais cru manquer lâchement à toutes les lois de la guerre si j'avais enrôlé une bande de furieux pour dévaliser M. Veuillot, brûler *l'Univers* en place publique, ou demander la tête de M. Keller sous les fenêtres de sa maison.

Les armes dont on s'est servi contre moi sont si peu courtoises, que la légende de *Gaetana* paraîtra sans doute un conte invraisemblable aux habitants de Bordeaux, de Marseille ou de Strasbourg. Dans Paris même, un grand nombre de citoyens honnêtes refuseraient de croire à cette monstruosité, si elle n'était attestée par les témoignages les plus incontestables.

J'avais écrit un drame, bon ou mauvais, cela importe peu; d'ailleurs, vous allez le lire. Vingt-cinq ou trente individus ont déclaré, au nom de la jeunesse de France, que la pièce ne serait pas jouée. Ils sont allés en ambassade chez le directeur de l'Odéon ; ils lui ont dit : « Nous ne voulons que du bien à votre théâtre, nous aimons et estimons vos artistes, nous n'avons rien contre la pièce, mais nous ne permettrons pas que M. About fasse jouer une pièce à Paris! »

Ce parti pris s'est manifesté non-seulement par les discours de trois ou quatre petites députations, mais encore par les sifflets, les cris, les hurlements qui ont précédé le lever du rideau, empêché la représentation quatre jours de suite et lassé finalement la patience du directeur et des artistes. Un ouvrage élaboré sinon avec talent, du moins avec soin, a sombré dans une émeute. Un capital, fruit légitime de sept ou huit mois de labeur, a péri sans profit pour personne. Sous l'empire des lois françaises qui interdisent la confiscation, une cabale avouée, insolente et despotique, a dépouillé violemment un travailleur du produit moral et matériel de ses veilles. Et cela, sous prétexte que l'auteur n'appartenait ni au gouvernement quand même, ni à l'opposition à tout prix!

Le public désintéressé et de bonne foi, les bourgeois honnêtes, tranquilles, bienveillants, qui avaient payé leur place pour entendre et juger une œuvre nouvelle, ont été opprimés par une faction criarde. On leur a dit : « Vous n'entendrez point! vous ne jugerez pas! — Et pourquoi? — Parce que tel est notre bon plaisir. »

Je comprends qu'on déteste un auteur dramatique, surtout s'il a osé écrire librement dans les journaux. On peut lui souhaiter tous les *fiasco* du monde ; on peut sabrer sa pièce dans les feuilletons ; on peut inspirer au public un grand dégoût de l'entendre et faire la solitude autour de lui. Un drame déserté par la foule meurt de sa belle mort, et l'auteur n'a pas le droit de se plaindre. Mais chasser brutalement les acteurs de la scène et le public de la salle, c'est outre-passer les droits de la haine.

Si la nouvelle morale qu'on a voulu inaugurer à l'Odéon prévalait définitivement sur l'ancienne, tous les artistes seraient exposés à d'étranges accidents. Les prétendus délégués de la jeunesse iraient lacérer un tableau, à l'exposition, lorsqu'ils ne seraient pas de la même opinion que le peintre. Les jeunes ultramontains briseraient à coups de marteau, sous les ombrages du Luxembourg, la statue d'un sculpteur protestant ! Les petits fanatiques de l'opposition mettraient le feu à tous les édifices publics, sous prétexte que l'architecte a reçu une commande du gouvernement !

Sommes-nous bien sûrs qu'ils s'arrêteraient à cette limite ? *Le Constitutionnel* de dimanche dernier publiait un article que j'ai réimprimé à la fin de cette brochure. On l'a déchiré ou souillé dans tous les cafés de Paris, au nom de la liberté de la presse. Lundi soir, une imposante manifestation a traversé la ville ; mille jeunes héros (mille contre un !) sont venus hurler sous mes fenêtres. Leurs vociférations n'avaient pas un caractère des plus pacifiques, puisqu'ils demandaient simplement ma mort. Ils réclamaient aussi la tête d'un de mes amis. Est-ce parce qu'il a toujours défendu la liberté, comme moi ? ou simplement parce qu'il écrit à *l'Opinion nationale* ? ou parce qu'il avait dit la veille, avec plus de tristesse que de colère : « O Jeunesse ! que de sottises on commet en ton nom ? »

Je n'accuse pas la jeunesse de France, ni même les étudiants des écoles de Paris. Si quelques-uns d'entre eux se sont laissé enrôler dans cette foule hurlante, c'est par légèreté, par amour du bruit, par une certaine démangeaison de se mouvoir et de se montrer. Le tapage a ses enivrements, qui troublent quelquefois les cervelles les plus saines. Un jeune homme qui n'a rien lu, qui sort du collége (et l'on en sort à seize ans aujourd'hui), peut se tromper sans crime. Les illustres maîtres de notre esprit, ceux qui nous enseignaient si éloquemment la distinction du juste et de l'injuste, les Michelet, les Quinet, les Jules Simon ne professent plus au quartier latin. J'entends dire que, loin des cours publics, dans certaines petites conférences intimes, d'autres voix moins fières, mais plus insinuantes, prêchent en faveur du passé que nous combattons. Elles ont pu recruter quelques soldats pour cette glorieuse campagne qui s'ouvrit le 3 janvier devant la rampe de l'Odéon, et se terminait le 6, à minuit, devant la loge de mon concierge.

Mais les véritables meneurs sont les faux étudiants, ces frelons du quartier latin qui ne font ni leur droit ni leur médecine, bohêmes de profession, gens de lettres en espérance, braillards d'estaminet et quêteurs de petite popularité. On les écoute parce qu'ils crient, on les admire parce qu'ils se vantent, on espère qu'ils deviendront un jour l'honneur du quartier et que la gloire leur tombera du ciel, toute rôtie. Tandis que nous travaillons à nos pièces et à nos livres, ceux-là nous jugent sans nous lire, nous condamnent sans nous entendre. Quiconque a fait un peu de bruit dans le monde des honnêtes gens est leur ennemi. Il semble que nous leur ayons volé toutes les idées qu'ils n'ont pas eues et tous les ouvrages qu'ils n'ont pas faits. Je me consolerais de la chute de *Gaetana* si elle pouvait ouvrir les yeux des vrais étudiants et séparer le corps de l'armée de cette queue traînarde et honteuse.

Déjà quelques jeunes gens des écoles m'ont fait l'honneur de m'écrire pour dégager leur responsabilité de ces turpitudes. L'un d'eux m'envoyait aujourd'hui ces belles paroles que je suis heureux de citer pour l'honneur de la jeunesse : « Un ouvrier de Paris serait chassé de l'atelier s'il détruisait l'ouvrage d'un autre ; croyez, monsieur, que les vrais travailleurs de nos écoles sont aussi incapables de commettre un crime de lèse-travail. » Un autre, qui écrit fort bien, ma foi ! quoiqu'il ne se fasse point imprimer dans les petites feuilles de la rive gauche, terminait par ces mots : « Je voudrais pouvoir placarder ma lettre à tous les piliers de l'Odéon, et je trouverais peut-être assez de jeunes gens, de ceux qui ne se laissent pas facilement enrôler dans le troupeau de Panurge, pour signer cette protestation et flétrir, comme il convient, un déni de justice et une lâcheté. »

Je dois dire que la sympathie des honnêtes gens, cette dernière consolation des opprimés, ne m'a pas manqué cette semaine. On prétend que le potier porte envie au potier et que les auteurs dramatiques se réjouissent quelquefois de voir tomber un confrère. Je proteste qu'Émile Augier, Ponsard, Barrière, Doucet, Sardou, Amédée Rolland, Plouvier, Decourcelle, Charles Edmond, Hector Crémieux, Ludovic Halévy, Théodore de Banville, MM. de Courcy père et fils, Édouard Martin, Delacour, Siraudin, Raymond Deslandes, et vingt autres, ont défendu ma pièce à la première représentation comme si elle eût été la leur. Ceux qui n'assistaient point à cette destruction m'ont écrit le lendemain ou sont accourus chez moi, comme Dumas fils, par exemple, qui est venu à Paris pour m'embrasser. Je me réjouis de n'avoir pas été assommé lundi soir et de pouvoir remercier ces braves cœurs de leur courageuse amitié.

Je n'avais pas la prétention de trouver dans mes confrères de la presse une sympathie universelle, ni même une impartialité absolue. Les petits moniteurs de la bohème, non plus que *l'Union* et la *Gazette de France*, ne pouvaient se prononcer en ma faveur sans tirer sur leurs propres troupes. Mais là encore j'ai obtenu plus de justice que je ne devais en espérer. Non-seulement Théophile Gautier, Émile Perrin, Sarcey, Fiorentino, Saint-Victor, et dix autres, m'ont traité avec amitié ou du moins avec bienveillance; mais la critique la plus hostile s'est presque partout montrée loyale. Un seul journal, *le Temps*, m'a lancé le coup de pied de M. Ulbach. Je regrette, non pas pour moi, que cet ancien poëte légitimiste ait manqué une si belle occasion de se conduire noblement. Il se serait montré sous un jour nouveau, et aurait peut-être obtenu chez les honnêtes gens une popularité qui lui manque. Quel plaisir ou quel profit trouvait-il à nier une cabale si évidente? Dans quel intérêt a-t-il insinué que je m'étais fait siffler moi-même? Ce n'est pas tout d'être méchant, envieux et hargneux, il faut l'être à propos et avec un peu d'esprit. Lorsque j'ai publié *Tolla*, il y a déjà bien des années, M. Ulbach, qui m'avait vu petit garçon au collége, a fait les efforts les plus généreux pour me décourager d'écrire. Il était dans son droit : j'avais réussi; lui, non. Les beaux vers légitimistes de *Gloriana* se promenaient sur les quais de la Seine comme des ombres au bord du Styx. L'envie du poëte incompris était excusable, sinon légitime; mais aujourd'hui M. Ulbach a publié avec un bruit éclatant divers opuscules dont le nom m'échappe; son bagage littéraire est d'un certain poids, car sa prose pèse double. Il écrit dans deux journaux chaque semaine; il donne la main droite aux républicains dans *le Temps*, et la gauche aux orléanistes dans *le Courrier du Dimanche*. *Gloriana* même, par un singulier revirement des choses d'ici-bas, *Gloriana* fait prime sur le quai de l'Institut. On veut lire ces vers ; quelques explorateurs audacieux se plaisent à remonter jusqu'aux sources légitimistes de ce torrent orléaniste ou républicain. Pourquoi donc M. Ulbach, au lieu de se contenter de ses propres succès, paraît-il jalouser les chutes d'autrui?

A cent mille lieues du théâtre et du journal, dans la bourgeoisie parisienne et provinciale, l'exécution sommaire de *Gaetana* m'a fait de nombreux amis. Les Français aiment la justice, au fond de l'âme, et ils réagissent volontiers contre la violence. Plus d'un, qui était disposé à me juger sévèrement la semaine dernière, me regarde aujourd'hui d'un œil plus bienveillant. J'ai vu des magistrats, des notaires, des industriels, des commerçants, des artistes, des hommes de toute profession et de toute opinion, et même un ancien ministre de la République, apporter leur carte à ma porte avec un petit mot de protestation. O haine! voilà de tes méprises! Ceux que tu abaisses seront élevés.

Et maintenant, faut-il l'avouer? ce genre de succès m'inquiète un peu beaucoup; car enfin je connais la pièce que vous allez lire. Je sais que, si elle ne mérite pas tout le mal que mes ennemis en ont dit sans l'entendre, elle mérite encore moins tout le bien que mes amis en pensent avant de l'avoir lue. La cabale ne m'a pas prévenu assez tôt. J'aurais fait un bout de toilette si j'avais su que ces messieurs voulussent me mettre sur un piédestal. Si l'on m'avait dit que *Gaetana* serait sifflée plus violemment qu'*Hernani*, j'y aurais mis trois ans de ma vie et j'aurais supplié les dieux de m'inspirer un chef-d'œuvre. Mais non, ce n'est qu'un drame comme vous en avez entendu plusieurs, et

1.

voilà ce qui me fâche. Vous y trouverez, je pense, du bon et du mauvais. Je vous recommande humblement le deuxième et le quatrième acte; méfiez-vous du cinquième : je n'ai jamais été content de celui-là. Si les cabales étaient plus intelligentes, on aurait attendu, pour siffler, la fin du cinquième acte.

Quelques critiques vous ont assuré que j'avais découpé avec des ciseaux une nouvelle de Charles de Bernard intitulée *l'Innocence d'un forçat.* On dit même que j'ai dépaysé l'action, comme les voleurs démarquent le linge. Vous jugerez cette question à loisir. *L'Innocence d'un forçat* fait partie d'un charmant volume de nouvelles intitulé L'ÉCUEIL.

La couleur italienne que j'ai cherché à donner à mon style n'est pas un déguisement. Je me suis appliqué à penser en italien, et cela ne m'a pas été difficile, car je suis un peu Italien par le cœur. Birbone n'est ni un Français costumé en lazzarone, ni un personnage des vieilles comédies, rajeuni pour les besoins de la pièce. C'est l'enfant du pavé de Naples, tel qu'il naissait et grandissait à l'ombre des Bourbons. Il est crédule, effronté, cynique, courageux à ses heures, capable de tous les crimes et de quelques belles actions. Car les races fortes et généreuses conservent toujours un peu de bon dans le fond de l'âme, quelle que soit l'éducation qu'on leur donne. M. del Grido n'est ni un Othello ni un Arnolphe; c'est un vieux marchand riche, amoureux, jaloux, irascible, doucereux, tantôt vulgaire jusqu'à la grossièreté, tantôt ampoulé jusqu'au lyrisme. J'ai cherché à rendre partout dans mon style ce mélange de poésie et de trivialité qui donne une couleur particulière à la vie et au langage des Italiens. Gaetana est une petite fille de seize ans, ignorante comme toutes les Italiennes qui sortent du couvent, mais honnête, aimante et courageuse. Que de jeunes femmes à Naples et à Rome sont taillées sur ce patron! Timides et presque nulles dans la vie monotone de tous les jours, elles s'éveillent en une minute à tous les sentiments, à toutes les idées et même, s'il le faut, à tous les héroïsmes. Mais vous allez faire sa connaissance, et, si elle ne vous inspire aucune sympathie, telle qu'elle est, c'est que j'aurai mis la main sur une poupée, croyant trouver une femme de chair et de sang. Le comte Pericoli est un type assez répandu dans les grandes villes de la péninsule. J'ai vu beaucoup de ses pareils traîner leur désœuvrement à Rome sur le Pincio, et attendre mélancoliquement le passage d'une dame en voiture. Ces beaux endormis ne s'éveillaient jadis qu'au nom d'*amour;* le mot qui les éveille aujourd'hui, c'est *patrie*. Martinoli, Capricana et cette vieille bête de Cardillo sont aussi Napolitains que j'ai pu les faire. Le peuple de Naples les reconnaîtra, si jamais ce drame, exilé de l'Odéon, trouve l'hospitalité en Italie. Déjà quelques Italiens m'ont défendu à la première représentation : je les remercie de leur courageuse et intelligente amitié.

EDMOND ABOUT.

PERSONNAGES

LE BARON POLETTI DEL GRIDO....	M. TISSERANT.
GAETANA, sa femme..............	Mlle THUILLIER.
LE COMTE GABRIEL PERICOLI.....	MM. RIBES.
BIRBONE......................	THIRON.
LE JUGE MARTINOLI............	JOUANNY.
LE DOCTEUR CAPRICANA.........	ROMANVILLE.
CARDILLO.....................	ÉTIENNE.
LÉONORA, camériste de Gaetana.......	Mlle DELAHAYE.
UN BATELIER..................	M. FRÉVILLE.

JOUEURS, DOMESTIQUES, PROMENEURS, PAYSANS, SBIRES.

La scène se passe de nos jours : les 1er, 2e, 3e et 5e actes à Castellamare, dans la villa du baron ; le 4e, à Naples, dans sa maison.

Nota. Toutes les indications sont prises de la gauche du spectateur.

Pour la mise en scène très-exacte, s'adresser à M. Eugène Pierron, régisseur de la scène à l'Odéon.

GAETANA

ACTE PREMIER

Le parc de la villa del Grido, à Castellamare. Massifs d'arbres. Buissons de fleurs. Une échappée de vue sur le golfe et le Vésuve. Table de joueurs à gauche. Un banc de jardin à droite. Un rosier à haute tige à droite, deuxième plan.

SCÈNE PREMIÈRE[1].

Au lever du rideau, MARTINOLI, CAPRICANA entrent par la droite; JOUEURS à gauche, à une table de jeu; PROMENEURS; GENS DE TOUTE CONDITION au fond; puis LE COMTE. On entend dans le lointain une tarentelle exécutée par des pifferari sur leurs cornemuses.

CAPRICANA.

Le jeu ici; la tarentelle là-bas; l'amour partout : la beauté, la gaieté, la liberté; rien ne manque à cette fête. C'est un Décaméron qui dure depuis trois mois. Il me semble que je ne suis pas médecin, que vous n'êtes pas juge « d'instruction[2], » et que nous ne sommes pas « en 1859[3]. »

MARTINOLI.

Pourquoi vous arrêter en si beau chemin? Ajoutez, cher doc-

1. Ici le public impartial a commencé à siffler la pièce.
2. « D'instruction, » coupé par la commission d'examen.
3. « Au dix-neuvième siècle, » changement exigé par la commission d'examen.

teur, que le propriétaire de cette villa n'est pas un banquier parvenu, mais un grand seigneur de la renaissance. Voici votre pourpoint, voilà mon feutre à panache, et ceci (montrant sa canne), corpo di Bacco! représente l'épée de mes pères! Heureux les hommes d'imagination! Ils ont sur le nez des lunettes qui leur teignent le monde en rose.

CAPRICANA.

Parbleu! mon cher magistrat, je serais aveugle et demi si je voyais la nature en noir! Le plus riche et le plus généreux des Napolitains nous ouvre ses jardins de Castellamare; tout l'univers y est admis, à l'italienne, sans acception de rang ni de fortune; la maîtresse de la maison, qui nous honore d'un peu d'amitié, embellit nos plaisirs par le charme de sa présence : je suis content, moi! Voilà un été qui marquera dans ma vie!

MARTINOLI.

Vous aimez bien la tarentelle, n'est-il pas vrai?

CAPRICANA.

Je l'adore! surtout quand les paysans et les villageoises sont dans les costumes de leurs montagnes!

MARTINOLI.

Eh bien, courez là-bas rejoindre ces dames et hâtez-vous de vous amuser!

CAPRICANA.

Pourquoi?

MARTINOLI.

Parce que le baron del Grido revient aujourd'hui et qu'on ne dansera plus demain.

CAPRICANA.

Qu'est-ce à dire?

MARTINOLI.

Je dis que dès demain ce beau parc, où la foule s'est promenée comme chez elle pendant trois mois, cessera d'être un lieu public; qu'avant deux jours le maître du logis aura su éloigner non-seulement les indifférents, mais ses amis eux-mêmes; et qu'il s'enfermera hermétiquement avec la belle Gaetana, pour goûter en tête-à-tête les douceurs de la lune de miel.

« CAPRICANA[1].

« A d'autres! Dans quel intérêt voulez-vous que notre bon « vieux del Grido aille s'emprisonner ici avec sa femme?

« MARTINOLI.

« Cher ami, dans quel intérêt un avare s'enferme-t-il avec ses « écus? C'est d'abord pour vérifier si le compte y est et si rien « ne manque à la somme; ensuite, pour s'assurer que le compte « y sera toujours et que nul indiscret ne viendra partager sans « permission. »

CAPRICANA.

Pourquoi ne dites-vous pas tout de suite que le baron est jaloux?

MARTINOLI.

Parce que le mot ne serait peut-être pas assez fort.

CAPRICANA.

La jalousie ne va pas sans amour, et del Grido a plus de cinquante ans.

MARTINOLI.

C'est le bel âge pour aimer, parce que la rage s'en mêle.

CAPRICANA.

O magistrat Tant-Pis!... Voulez-vous que je vous explique, moi, le caractère du baron, et son mariage, et toute sa conduite? Del Grido est un homme fatigué. Les voyages en mer, le commerce, la banque, les affaires l'ont mis sur les dents. Le voilà deux ou trois fois millionnaire, et baron del Grido, de simple Poletti qu'il était. Bon! il ne lui reste plus qu'à jouir de la vie, à recevoir, à donner des bals, à se faire honneur de sa fortune. Que fait-il? Il était veuf depuis plus de quinze ans, il se remarie pour avoir une femme dans son salon. Il la prend au couvent, pauvre et de bonne famille, jeune et jolie par-dessus le marché. Le malade a bien le droit de choisir son infirmière. Mais amoureux, lui? Jaloux, lui?... Mon pauvre ami, vous me faites rire. N'est-il pas parti le jour même de son mariage, au sortir de la messe, pour un voyage de trois ou quatre mois?

1. Les passages entre guillemets sont supprimés à la représentation.

MARTINOLI.

Il avait reçu une dépêche de New-York.

CAPRICANA.

Mais s'en aller après la messe ! est-ce la conduite d'un amoureux ?

MARTINOLI.

Oui.

CAPRICANA.

Parbleu ! vous me la donnez belle !

MARTINOLI.

Mon cher ami, del Grido s'est marié par amour, j'en suis sûr. C'est l'hiver dernier, aux fêtes de Noël, qu'il a remarqué Gaetana dans l'église de son couvent. Il a fait des sacrifices énormes pour gagner le tuteur, « le confesseur[1], » la supérieure et tous ceux qui avaient quelque autorité sur l'esprit de la jeune fille. Gaetana se fit longtemps prier ; elle est d'une famille où l'on a du caractère. L'âge et le veuvage du prétendant lui faisaient peur ; elle préférait, disait-elle, épouser le cloître. Le baron, impatient comme un vieillard à la poursuite de sa dernière fantaisie, parla, promit, donna, pressa, supplia, et fit si bien, qu'il arracha le consentement de la petite. Maintenant, croyez-vous qu'un être positif comme le baron del Grido aurait fait toutes ces folies pour le plaisir d'adopter une enfant de seize ans ? Et vous semble-t-il qu'un homme si bien épris soit d'humeur à se marier pour les autres ?

CAPRICANA.

Mais un jaloux ne voyage pas ! Ou bien il emmène sa femme, ou du moins il l'enferme à la maison sous triples verrous !

MARTINOLI.

Le voyage du baron était plus nécessaire qu'il ne l'a dit. Une grande moitié de sa fortune se trouvait compromise ; la rapidité de son départ a tout sauvé. Il n'a pas emmené madame, parce que Gaetana, avec sa petite tête de fer, avait refusé tout net. Il n'a pas eu recours aux verrous, parce que les verrous ont perdu

1. Coupé par la commission d'examen.

leur crédit. On sait depuis longtemps qu'ils conseillent le mal et ne l'empêchent jamais. Del Grido est très-fort, il a pris le bon parti. En invitant Naples et Castellamare à circuler librement dans sa villa, il se donnait un air de confiance et de générosité, et il enfermait Gaetana dans une prison de verre; car il n'y a pas de portes mieux gardées que les portes ouvertes, et le seul espion qu'on ne puisse ni tromper ni corrompre s'appelle *tout le monde*.

CAPRICANA.

Parbleu! vous m'étonnez! Del Grido serait jaloux?

MARTINOLI.

Vous ne savez donc pas l'histoire de son premier mariage?

CAPRICANA.

Non.

MARTINOLI.

Je n'ai pas le droit de vous la raconter, mais c'est l'histoire d'une rancune féroce.

CAPRICANA.

Mais comment arrangez-vous cette férocité avec la douceur bien connue du bonhomme?

« MARTINOLI.

« Il est féroce avec douceur, voilà tout.

« CAPRICANA.

« C'est un agneau!

« MARTINOLI.

« Nous avons un animal plus caressant, plus souple, plus moel-« leux que l'agneau... On l'appelle le tigre.

« CAPRICANA.

« Allons donc!

« MARTINOLI.

« Vous voulez des preuves, n'est-il pas vrai? » Laissez-moi vous conter une anecdote où l'amour n'entre pour rien. Il y a dix ans, les foulards des Indes étaient encore à la mode. Del Grido en avait reçu douze admirables, un présent de quelque capitaine au long cours. Un beau matin, il sort avec un foulard dans sa redingote. Lorsqu'il rentre à la maison, plus de foulard. Même histoire le lendemain et les jours suivants, jusqu'au onzième. Il était furieux, en dedans; mais il ne se plaignit à personne. Il fait coudre le dernier foulard au fond de sa poche et il sort comme d'habitude. En arrivant sur la place d'Europe, il sent ou plutôt devine une main patiente et délicate qui le tirait doucement en arrière. Il se retourne et saisit le bras d'un jeune homme de quinze ans, un de ces enfants perdus qui fourmillent sur le pavé de Naples...

CAPRICANA.

Et il conduit son voleur en prison?

MARTINOLI.

Non. Il prit à deux mains ce bras débile et mal nourri qui aurait ému la pitié d'un « gendarme[1] »; il l'appuya sur son genou, le cassa comme une baguette de bois sec et poursuivit doucement, à petits pas, sa promenade matinale, tandis que le malheureux filou se roulait dans la poussière en hurlant de tous ses poumons.

CAPRICANA.

Brrr!... j'ai froid dans le dos. Vous garantissez le fait?

MARTINOLI.

C'est moi qui ai « étouffé[2] » l'affaire.

CAPRICANA.

Alors les galants n'auront pas beau jeu dans la maison.

MARTINOLI.

Non.

CAPRICANA.

Heureusement, personne n'a songé à se mettre sur les rangs.

MARTINOLI.

Vous croyez?

CAPRICANA.

Dame! oui, je crois.

1 La commission d'examen a substitué partout le mot *sbire* au mot *gendarme*.
2. *Instruit*. Commission d'examen.

UN JOUEUR.

Messieurs, il y a mille ducats à faire.

LE COMTE, qui vient d'entrer par le fond, à droite.

Soit! Mille ducats.

MARTINOLI.

Écoutez ce que dit le beau Gabriel comte Pericoli.

CAPRICANA.

Eh bien, il a dit mille ducats!

MARTINOLI.

Ce qui veut dire...?

CAPRICANA.

Ce qui veut dire, en monnaie de France, quatre mille deux cent cinquante francs; en monnaie d'Espagne...

MARTINOLI.

Ce qui veut dire, en bon Italien : J'adore madame, ou plutôt mademoiselle Gaetana. Pour passer un été auprès d'elle, j'ai abandonné la Rosita, ma maîtresse. J'enrage de savoir que le baron revient aujourd'hui; la vie m'est odieuse; je me brûlerai la cervelle un de ces jours, et, comme l'argent n'a pas cours dans l'autre monde, je m'empresse d'alléger mon bagage.

« LE COMTE.

« Deux mille ducats!

« MARTINOLI.

« Oui, mon cher ami, la fleur des pois, le prince de la jeunesse,
« le plus parfait cavalier, le gentilhomme le plus accompli de
« notre bonne ville de Naples, se ruine de tout son pouvoir; et
« vous savez le dicton : Pericoli peut ce qu'il veut. »

LE COMTE.

Quatre mille!

CAPRICANA.

En effet, il n'y va pas de main morte. Et qu'est-ce que la baronne pense de tout cela?

MARTINOLI.

Oh! là-dessus, mon cher, je n'ai pas la prétention de vous répondre. Interrogez-moi sur les mystères d'Isis, sur le secret des francs-maçons, sur l'organisation des carbonari, on trouvera quelques vérités à vous dire. Mais la justice, qui sait tout, ne sait pas lire dans le cœur des jeunes filles. Ces petits êtres délicats, que leurs mères habillent de blanc, sont des abîmes plus profonds, plus insondables et plus mystérieux que le Vésuve. Vous le voyez à l'horizon : c'est une jolie montagne, n'est-il pas vrai? mais qui peut dire ce qu'elle nous donnera demain? Peut-être une illumination en feux de Bengale, pour le divertissement de messieurs les Anglais. (Birbone paraît au fond.) Peut-être un torrent de lave brûlante qui dévorera Portici ou Torre-del-Greco. Peut-être un flot de boue immonde qui salira tout aux environs. Lequel des trois? Je n'en sais rien, ni le Vésuve non plus. Appliquez ce raisonnement à toutes les vierges de votre connaissance. Soyez persuadé que chacune d'elles porte innocemment dans les plis de sa robe blanche un avenir de bonheur tranquille, ou de passion dévorante, ou d'ignominie basse; mais ne pariez ni pour l'un ni pour l'autre : vous risqueriez trop de vous tromper.

CAPRICANA.

Bravo!

SCENE II.

LES MÊMES, BIRBONE.

BIRBONE traverse la scène pour aller à la table de jeu; il ramasse à terre un ducat que les joueurs ont laissé tomber par mégarde. Au mot *Bravo!* il retourne vivement la tête.

Bravo, moi? Ce n'est pas vrai!

MARTINOLI.

Tu as cru qu'on t'appelait, parce qu'on a dit « Bravo? »

BIRBONE.

Je ne suis pas un bravo. J'ai joué du couteau par amitié, j'en jouerais par vengeance; pour de l'argent, jamais! Parce que nous nous sommes rencontrés çà et là dans le monde judiciaire, vous croyez avoir le droit de me compromettre? Mais, monsieur, je suis un honnête homme aux yeux de la loi... J'ai fait mon temps.

MARTINOLI, à Capricana.

Je vous présente un honnête homme, capable de tout.

BIRBONE, saluant.

Même d'une bonne action.

MARTINOLI.

Tu ne l'as pas encore prouvé.

BIRBONE.

Nos points de vue ne sont pas les mêmes.

MARTINOLI.

M. del Grido est bien bon d'ouvrir son parc à un drôle de ton espèce.

BIRBONE.

Je ne connais pas M. del Grido. Il a ouvert son parc au public avec une générosité vraiment italienne, et j'ai suivi le monde.

MARTINOLI.

Pour soulager les poches de ton prochain. Allons, va te faire pendre ailleurs! (En passant devant Martinoli, Birbone lui enlève sa montre.)

BIRBONE.

Illustre magistrat, n'en déplaise à Votre Seigneurie, ce n'est pas dans ce royaume que je serai pendu.

MARTINOLI.

Où donc?

BIRBONE.

C'est loin, bien loin de Naples; dans le pays où les honnêtes gens savent mieux défendre leur bien que les gens d'esprit ne savent le prendre.

MARTINOLI.

Ma montre!

BIRBONE, lui rendant sa montre.

Ceci vous prouve que je ne suis pas venu pour alléger les poches de mon prochain.

CAPRICANA, à Martinoli.

Comme vous êtes dur pour ce pauvre garçon! Il est très-adroit et il n'a pas mauvaise figure.

BIRBONE.

Merci, monsieur Capricana. Vous avez raison plus que vous ne pensez. Je suis ici dans un but d'amitié, de bon vouloir et de reconnaissance.

MARTINOLI.

Tu m'étonnes.

BIRBONE, *appuyant la main sur son cœur.*

Tâtez là, monsieur le juge; il y a tout au fond quelque chose qui remue. Et ce cœur, monsieur Capricana peut vous le dire, est conformé, ou peut s'en faut, comme le cœur illustrissime de Votre Excellence.

MARTINOLI.

Et pouvons-nous savoir la belle action que tu médites?

BIRBONE.

Ma main droite n'en a rien dit à ma main gauche. Contentez-vous d'apprendre qu'une des vingt ou trente dames qui se promènent céans m'a, comme qui dirait, sauvé la vie; et je ne désespère pas de m'acquitter un jour envers elle, si elle est malheureuse, comme je le crains.

CAPRICANA.

Mais c'est donc un roman? Raconte, mon garçon, raconte!

BIRBONE.

Chut! Madame la baronne del Grido! *(Il remonte à gauche. Capricana va au-devant de Gaetana.)*

SCÈNE III.

LES MÊMES, GAETANA, DAMES.

GAETANA, *gaiement.*

Pendez-vous, docteur! On a dansé la tarentelle et vous n'y étiez pas!... *(A Martinoli.)* Salut, tribunal ambulant. Qui avez-vous condamné aujourd'hui? Un peu tout le monde? Vous savez que mon mari nous revient à cinq heures. Ne vous éloignez pas; nous irons tous ensemble au-devant de lui.

MARTINOLI, s'inclinant.

Trop heureux, madame, d'être témoin de son bonheur.

GAETANA, aux joueurs.

Messieurs, c'est un scandale impardonnable. Il fait beau, on danse en plein air, nous avons de la musique, les marionnettes représentent une tragédie là-bas, *Roméo et Juliette,* avec Polichinelle; et vous jouez aux cartes dans un coin! Faut-il que ces dames viennent demander à genoux la faveur de votre compagnie? Où est la galanterie napolitaine? Et que va dire mon mari, s'il apprend que vous n'avez pas trouvé d'autre passe-temps chez nous? (Au comte, qui s'éloignait.) Don Gabriel Pericoli, vous avez beau vous cacher comme un enfant qui boude, vous êtes le plus coupable de tous, parce que vous êtes le plus regretté.

LE COMTE.

Madame...

GAETANA.

Avez-vous bien perdu, au moins?

LE COMTE, vivement.

Presque rien, madame, je vous jure.

GAETANA.

Tant pis. Le sort aurait dû nous venger en vous ruinant. Il n'a pas fait son devoir.

MARTINOLI, à Capricana.

Eh! eh! si le comte lui était indifférent, elle ne le gourmanderait pas si fort.

CAPRICANA.

Si elle l'aimait, elle cacherait mieux son jeu.

MARTINOLI.

C'est peut-être une étourderie de l'amour.

CAPRICANA.

Ou l'intrépidité de l'innocence. (Capricana et Martinoli saluent et sortent à droite.)

GAETANA, au comte.

Venez ici que je vous gronde dans la mesure de vos méfaits.

BIBBONE les regarde en s'éloignant.

Pauvres enfants! « Ils jouissent de leur reste! » (Ils s'éloignent; la foule se disperse lentement, et bientôt Gaetana et le comte restent seuls en scène.)

SCÈNE IV.

GAETANA, LE COMTE.

GAETANA.

N'êtes-vous pas honteux? Comme vous voilà fait! Monsieur, le jeu est un vice; il faudra vous en corriger.

LE COMTE, d'un ton dégagé.

Croyez-vous, madame? Il me semblait, à moi, que le jeu ne devenait un vice que le jour où il dégénérait en passion. Mais une petite partie innocente comme celle que vous avez interrompue est un exercice très-sain et très-moral.

GAETANA.

Innocente!... Il y avait des monceaux d'or et de billets sur la table.

LE COMTE, même jeu.

Pas devant moi; vous en êtes témoin. Je disais donc, madame, que le jeu, pris à petite dose, est très-sain, parce qu'il accélère la circulation du sang, et très-moral, parce qu'il nous apprend à mépriser les richesses.

GAETANA.

Voilà bien la ferveur des nouveaux convertis! Il y a huit jours, vous refusiez de toucher une carte. Ces messieurs jouaient presque tous et même assez gros jeu. Vous les appeliez barbares, et vous veniez causer avec nous!

LE COMTE, violemment.

Eh bien, oui! le jeu est barbare, stupide, funeste! Et c'est pour ces raisons que je joue depuis huit jours!

GAETANA.

Quelle mouche vous pique? Savez-vous que vous m'avez fait peur?

LE COMTE.

Pardonnez-moi : je souffre beaucoup. J'ai reçu il y a quelque temps une nouvelle qui m'a saisi. Je devais cependant m'y attendre; ne cherchez pas à deviner, vous ne trouveriez pas. Depuis ce moment, j'ai joué comme un fou : d'abord pour m'étourdir, ensuite pour me ruiner. J'ai réussi passablement.

GAETANA.

Vous souffrez, et vous n'en avez rien dit! Vous avez fait des folies au lieu de demander des consolations!

LE COMTE.

Mon mal est sans remède.

GAETANA, s'asseyant à droite.

Il n'y a que les gens heureux pour inventer des douleurs inconsolables. On a reçu tous les dons à la fois, naissance, fortune, esprit, figure; on est envié des uns, admiré des autres; aimé de toutes les femmes, estimé de tous les hommes; mais on s'est couché sur une feuille de rose pliée en deux, et l'on éprouve une douleur si cuisante, qu'il ne reste plus qu'à mourir!

LE COMTE.

Non, madame, la mode des chagrins vagues et des mélancolies sans cause est passée. La douleur dont je souffre n'a rien d'imaginaire.

GAETANA.

Eh bien, contez-la-moi!

LE COMTE.

Non, je ne serais pas un galant homme.

GAETANA.

Pourquoi?

LE COMTE.

Parce que ma confidence, supposé qu'elle ne vous parût pas offensante, ne pourrait que vous émouvoir d'une pitié stérile et troubler votre repos sans remédier à mon sort.

GAETANA.

Alors, don Gabriel, vous en avez trop dit. Asseyez-vous là; c'est moi qui vais vous faire vos confidences.

LE COMTE.

Mais, madame...

GAETANA.

Asseyez-vous! Vous êtes malheureux depuis que mon mari nous a annoncé son retour.

LE COMTE.

Si cela était...

GAETANA.

C'est la vérité : je m'en doutais depuis quelque temps. Mais j'ai deviné bien autre chose. Je vous plais; n'essayez pas de dire le contraire. Depuis trois mois que nous nous voyons du matin jusqu'au soir, vous vous êtes attaché à moi de jour en jour. Est-ce vrai?

LE COMTE.

Qui pourrait ne pas vous aimer?

GAETANA.

La!... J'en étais bien sûre. Mais nous ne sommes pas au bout. A mesure que vous m'avez mieux connue, vous vous êtes mis à regretter de ne pas m'avoir connue plus tôt. Vous vous êtes dit que, si votre bonne étoile vous eût conduit avant le baron del Grido dans l'église de mon couvent, ce n'est pas lui qui m'aurait épousée, mais vous.

LE COMTE.

Gaetana!

GAETANA.

Il est certain, don Gabriel, que je ne me serais pas fait prier si longtemps; car vous êtes plus noble, plus jeune et mieux fait pour être aimé que mon pauvre mari.

LE COMTE.

Gaetana!

GAETANA.

« Votre voix est charmante, mon ami; votre regard est plein de « douceur et de fierté.» Quand je cause avec vous, le temps marche plus vite, et je crois fermement que j'aurais été une femme heureuse si l'on m'avait mariée à vous. Mais un autre est venu :

j'ai disposé de moi; c'est chose faite. J'appartiens au baron del Grido, et ni Dieu ni les hommes ne me permettent d'en épouser un autre. Il arrive aujourd'hui; j'irai me jeter dans ses bras, et je suivrai mon devoir, qui est de l'aimer.

LE COMTE.

Gaetana, vous êtes un monstre de coquetterie ou un trésor d'innocence !

GAETANA.

Je suis, monsieur, un trésor d'amitié. Je vous aime de tout mon cœur; mon mari vous aimera aussi, j'en suis sûre.

LE COMTE.

Votre mari ! (Il se lève.)

GAETANA.

Mon mari est un excellent homme; il vous recevra toujours avec plaisir. De votre côté, vous l'aimerez bientôt, et vous nous logerez tous les deux dans un petit coin de votre cœur.

LE COMTE.

Gaetana, si vous étiez une femme comme les autres, j'aurais bien des choses à répondre; mais je vous estime trop pour ne pas approuver tout ce que vous avez dit. Aimez le baron del Grido, c'est un honnête homme. Feu mon père, qui l'avait pratiqué, ne m'en a jamais dit que du bien. Vous serez heureuse avec lui; je le désire, je l'espère. Mais dispensez-moi de le connaître et de lui serrer la main : mon courage n'irait pas jusque-là; je suis un peu lâche, entre nous. J'aime mieux me faire tuer en soldat dans l'armée italienne que d'assister les bras croisés au bonheur de votre mari.

GAETANA.

Et pourquoi ne seriez-vous pas heureux, vous aussi? Il y a dans Naples bien des jeunes filles qui méritent d'être épousées, et vous avez le droit de choisir.

LE COMTE.

On ne choisit pas deux fois, vous l'avez dit vous-même. Je ne puis aimer que vous; quiconque se met entre vous et moi, homme ou femme, je le hais.

GAETANA.

Cela étant, mon ami, vous avez raison de partir. La guerre italienne est une noble guerre. Vous combattrez pour notre patrie, et vous ne vous ferez pas tuer. Au revoir, don Gabriel; quand vous reviendrez à Naples, vos idées auront changé, et vous nous conterez vos batailles, chez nous.

LE COMTE se dirige vers un grand rosier, haut sur tige, et cueille une fleur qu'il présente à Gaetana.

Avant que cette rose soit flétrie, j'aurai quitté Naples pour toujours. Oubliez-moi, Gaetana : je le souhaite sincèrement pour vous, pour moi, pour lui. Adieu!

GAETANA.

Au revoir, grand enfant.

LE COMTE.

Quand on renvoie les enfants, on les embrasse.

GAETANA.

Oh! vous êtes trop grand!

LE COMTE, tombant à genoux.

Je me ferai tout petit.

GAETANA, avec émotion.

Soyez heureux! Ne vous faites pas tuer; « revenez bientôt ; « épousez une bonne petite femme... Quand vous aurez des en- « fants... une fille... vous viendrez me chercher pour être sa mar- « raine, et nous l'appellerons Gaetana... si vous voulez. » (Elle le baise au front et s'enfuit par la droite. — Vers la fin de cette scène, Birbone est entré à gauche et a écouté le dialogue.)

SCÈNE V.

LE COMTE, BIRBONE.

LE COMTE, à genoux, la tête plongée dans ses mains, avec désespoir.

Et pourtant elle m'aime!

BIRBONE, s'approchant de lui, avec émotion.

Certainement!

LE COMTE, se relevant.

Qui es-tu? que dis-tu? que sais-tu ?

BIRBONE.

Je suis Birbone; je sais ce qui se passe et je dis que c'est joliment malheureux pour les âmes sensibles.

LE COMTE, furieux.

Tu écoutais, faquin?

BIRBONE.

Je ne suis pas un espion pour écouter les personnes. Je me trouvais là par hasard... et j'ai entendu.

LE COMTE.

Quoi?

BIRBONE.

Vous le savez bien.

LE COMTE.

Drôle!

BIRBONE.

Monsieur le comte me traite en ennemi quand je viens pour l'obliger.

LE COMTE, avec hauteur.

Merci, mon cher, je n'ai que faire de tes bons offices.

BIRBONE.

On a souvent besoin d'un plus petit que soi.

LE COMTE.

Je n'ai besoin de personne.

BIRBONE.

Il ne faut pas dire cela aux gens qui ont entendu.

LE COMTE tourne le dos et s'éloigne.

Laisse-moi!

BIRBONE s'assied et parle haut.

Un beau seigneur aime une belle dame qui de son côté ne le déteste aucunement. Par malheur, la dame est un ange de vertu, le gentilhomme est une fleur de délicatesse.

LE COMTE, qui s'est rapproché.

Que dis-tu?

BIRBONE.

Entre ces amoureux s'élève un obstacle... âgé de cinquante à soixante ans. Deux personnes habiles pourraient le contourner agréablement et se rejoindre en secret sans qu'il en eût la moindre nouvelle; mais l'ange ne connaît d'autre sentier que celui du devoir.

LE COMTE.

C'est vrai!...

BIRBONE, se retournant vers lui.

Ah! Votre Seigneurie écoutait ma conversation? Cela me réconcille avec moi-même. Vous plaît-il me donner une minute d'audience? (Il se lève.)

LE COMTE.

Parle.

BIRBONE.

Épouserez-vous madame Gaetana si j'aplanis l'obstacle?

LE COMTE.

Comment?

BIRBONE.

Si je le fais disparaître si bien, qu'il n'en reste plus aucune trace?

LE COMTE.

Ah çà! toi, quel métier fais-tu?

BIRBONE.

J'en ai plusieurs, Excellence. Ma mère était une pauvre fille; mon père, un passant qui n'a pas dit son nom. J'ai été orphelin à quatre ans sous la tutelle de la police; et, comme les dents veulent du pain, j'ai mendié. Les bons Napolitains me donnaient plus de coups de pied que de gros sous; j'ai donc appris à chercher l'aumône dans leurs poches. Mauvaise spéculation et pleine de dangers. Non-seulement j'attrapais par-ci, par-là, quelques journées de prison, mais un digne bourgeois, qui avait bien déjeuné quand j'étais à jeun, surprit mon bras en flagrant délit et le cassa tout net. J'avais cru jusque-là que la vie des hommes était quelque chose de sacré. Ce bon M. Poletti, que je n'ai jamais revu, mais que je ne désespère pas encore de rejoindre, modifia ma manière de voir. Il m'enseigna que le corps humain n'était pas d'une étoffe si précieuse, puisqu'un foulard de deux écus valait le même prix que le bras d'un enfant. Vous savez d'où je suis parti, Excellence, vous devinerez facilement où je suis arrivé. La route est toute droite ; il n'y a pas d'embranchement qui mène à la fortune, aux honneurs, ni à la vertu. Ma naissance m'a conduit à cette industrie ; cette industrie m'a fait une réputation qui ne me permet plus d'en choisir une autre. Si je demandais une sous-préfecture, le roi ne me la donnerait pas. Cependant, il faut vivre; c'est une nécessité qui nous accompagne jusqu'à la mort. On connaît ma figure; c'est l'enseigne d'un homme qui tient boutique de discrétion et de courage. Lorsqu'un ami, un galant homme comme vous, vient me dire à l'oreille : « Birbone, j'ai du chagrin; Birbone, j'ai un ennemi; » le soir même, monsieur, sans que personne ait su comment, le chagrin a disparu, l'ennemi est rentré sous terre.

« LE COMTE, avec horreur.

« Assassin!

« BIRBONE, avec philosophie.

« Qu'est-ce qu'un assassin? Le contraire de l'accoucheur. L'un
« aide les gens à venir au monde, l'autre leur donne la main
« pour en sortir [1].

LE COMTE.

Et tu crois?...

BIRBONE.

Je crois que Votre Seigneurie est dans la peine, et je mets à sa disposition mes faibles moyens.

LE COMTE.

Tu as supposé que j'étais assez infâme pour acheter un crime?

BIRBONE.

Qui vous parle d'argent? Je sais que vous êtes ruiné.

1. Coupé par la commission d'examen.

LE COMTE.

Mais, alors?...

BIRBONE, *fermement.*

Je veux que madame Gaetana soit heureuse.

LE COMTE.

Et qui t'a permis de t'intéresser à son bonheur?

BIRBONE.

Qui m'a permis?... Le jour où je suis tombé sur le pavé en poussant des cris de douleur et de rage, tandis que je regardais d'un œil hagard ma main droite ballottant contre le coude, une modeste voiture s'arrêta près de moi; une femme en descendit, suivie d'une petite fille de six ans. Elles étaient simplement vêtues, et pourtant elles me parurent aussi resplendissantes que la madone de Pie-di-Grotta. Elles m'aidèrent à me relever, elles me firent porter dans leur voiture et me conduisirent chez elles. Je vois encore la petite Gaetana se pencher sur moi, et une larme, une belle et noble larme, descendre lentement le long de sa joue et tomber sur mes lèvres. Elle a pénétré jusqu'au fond de mon cœur, elle s'y est incrustée, je la sens là, solide et brillante, comme cette goutte de rosée qui devient une perle en tombant dans la mer.

LE COMTE.

Tu es un plaisant faquin! Parce que madame del Grido t'a ramassé dans la poussière, tu veux t'acquitter envers elle en assassinant son mari!

BIRBONE.

Aimez-vous mieux que son mari la tue? Je n'ai jamais vu M. del Grido; mais je sais qu'il l'a épousée en secondes noces et que l'autre mariage n'avait pas été plaisant. Sa première femme est morte jeune, tuée à coups d'épingle ou même autrement: personne ne l'a su. Elle l'avait trompé, c'est possible; mais, si tous les maris de la confrérie se mettaient à égorger leurs femmes, le genre humain serait veuf en moins de quinze jours. Madame Gaetana ne m'a pas consulté sur le choix de son futur, et c'est dommage. Enfin, le mal est fait; c'est à moi de le réparer.

Je prétends qu'elle soit heureuse; elle ne peut l'être qu'avec vous; elle le sera.

LE COMTE.

Tais-toi! tu mériterais qu'on te livrât à la justice!

BIRBONE.

Oh! la justice me connaît. Mais connaître les gens et les prendre sont deux. D'ailleurs, monsieur le comte n'est pas homme à vendre un pauvre garçon qui se donne à lui.

LE COMTE.

J'aime mieux être ton délateur que ton complice.

CRIS DANS LA COULISSE.

Vive monsieur le baron!

BIRBONE.

Allez donc me dénoncer à M. del Grido : le voici! (Il remonte le théâtre.)

CRIS.

Vive monsieur le baron!

BIRBONE, regardant.

Excellence, il me semble que je le connais... Assurément, je l'ai rencontré quelque part.

LE COMTE.

Que m'importe?

BIRBONE.

A-t-il un frère?

LE COMTE.

Je n'en sais rien.

BIRBONE.

S'est-il toujours appelé del Grido?

LE COMTE.

Cela ne te regarde point.

BIRBONE.

Si ce n'est pas mon homme, c'est son proche parent... Je suis de Naples; j'irai le voir demain.

LE COMTE.

J'irai avant toi, et je te jure que je le mettrai sur ses gardes.

BIRBONE.

Et moi... je ne jure pas : c'est un péché !

SCÈNE VI.

Les Mêmes, LE BARON, CAPRICANA, MARTINOLI, CARDILLO, Foule.

LA FOULE.

Vive monsieur le baron !

LE BARON, à Cardillo.

Cardillo, tu leur feras jeter de l'argent.

CARDILLO, un papier à la main, naturellement.

Oui, monsieur le baron.

(Déclamant.)

Oui, monsieur le baron, c'est un beau jour pour nous,
Et votre majordome est heureux entre tous !

LE BARON.

C'est bien ! c'est bien !

LA FOULE.

Vive monsieur le baron !

LE BARON.

Merci, mes braves gens ; on vous donnera pour boire ; mais...
(Il regarde autour de lui d'un air inquiet.)

LA FOULE.

Vive monsieur le baron !

CARDILLO, déclamant.

C'est un beau jour aussi pour votre tendre épouse...

LE BARON.

Où est-elle ?

CARDILLO, naturellement.

Je ne sais pas, monsieur le baron.

(Déclamant.)

Qui, depuis trois grands mois, de vous revoir jalouse,

S'asseyait sur la rive, et tout le long du jour
Allait voir si monsieur n'était pas de retour.

LE BARON, lui arrachant le papier des mains.

Assez, bavard! Je lirai ton compliment à tête reposée. Tâche de savoir où est ta maîtresse.

CARDILLO.

Oui, monsieur le baron. (Il sort en courant.)

LA FOULE, en sortant.

Vive monsieur le baron! Vive monsieur le baron!

LE BARON.

Diable soit des criards! (Au docteur.) Vous n'avez pas vu ma femme?

CAPRICANA.

Elle était ici tout à l'heure avec...

MARTINOLI, vivement.

Avec toutes ces dames, et elle nous invitait à aller de compagnie au-devant de vous.

LE BARON.

Elle s'est toujours bien portée, docteur?

CAPRICANA.

Comme un charme! pas un mal de tête.

CRIS EN DEHORS.

Vive madame la baronne!

CAPRICANA.

D'ailleurs, vous en jugerez par vous-même : la voici!

SCÈNE VII.

LES MÊMES, CARDILLO, GAETANA.

LE BARON.

« Arrivez donc, chère enfant! Je sèche d'impatience! »

GAETANA, vivement.

Mon cher ami! (Elle aperçoit le comte, s'arrête, et fait à son mari une grande révérence.) Pardonnez-moi de n'avoir pas couru au-devant de vous. Nous ne vous attendions pas sitôt, et vous nous avez un peu surpris.

LA BARON.

Agréablement?

GAETANA.

Sans doute. (Le comte s'éloigne.)

LE BARON.

Dieu me pardonne! on dirait que vous avez pleuré!

GAETANA.

Ne regardez pas ma figure; je suis à faire peur. Une migraine épouvantable! j'ai beaucoup souffert aujourd'hui. Cela ne sera rien.

LE BARON.

Comment! vous avez été souffrante? Et le docteur qui ne m'en disait rien!

CAPRICANA.

Mais c'est que... (Le juge lui fait un signe.) En effet, madame la baronne est sujette à ces petits malaises; mais nous ne nous en inquiétons pas. C'est l'effet... de la saison... de la surprise... Tous les médecins vous diront cela.

LE BARON.

A la bonne heure! voilà une consultation tout à fait satisfaisante.

CAPRICANA.

Quand je vous le disais, que c'était un bonhomme!

LE BARON.

Maintenant, cher docteur, je ne vous renvoie pas, mais à bientôt. Mesdames et messieurs, je vous remercie cordialement d'avoir bien voulu tenir compagnie à ma femme et abréger pour elle le temps de mon absence. Je compte que mon retour ne la privera pas du plaisir de vous voir.

CAPRICANA, à Martinoli.

Eh bien?

MARTINOLI.

Patience!

LE BARON, poursuivant.

Il ne se passera pas huit jours sans que j'aie le plaisir de vous inviter de nouveau et de vous rouvrir toutes mes portes.

MARTINOLI, à Capricana.

La!... Est-ce un congé? (Au baron.) Cher ami, n'essayez pas de nous retenir plus longtemps. Nous savons ce que la discrétion commande. Le tête-à-tête est la seule compagnie qui vous convienne aujourd'hui. A bientôt!

LE BARON, gaiement.

Nous sommes toujours voisins?

MARTINOLI.

Oui; je prends mes vacances à Castellamare. J'habite avec le docteur, qui a tous ses malades ici.

LE BARON, même jeu.

La science qui guérit et la justice qui frappe; la vie et la mort!

MARTINOLI.

Bah! Si nous comptions nos victimes, vous verriez qu'il a condamné plus de monde que moi. (La foule s'éloigne.)

SCÈNE VIII.

LE BARON, GAETANA.

LE BARON.

Enfin, « mon cher amour[1], » nous voilà seuls! J'ai cru que ces maudits importuns ne s'en iraient pas d'aujourd'hui! Dire que je suis arrivé depuis une heure, et que le monde ne m'a pas encore permis de vous baiser la main!

GAETANA, lui tendant la joue.

Embrassez-moi, mon ami. Moi aussi, je suis heureuse de vous voir.

LE BARON.

Bien vrai?

1. « Ma chère Gaetana, » représentation.

GAETANA.

Vous le dirais-je, si cela n'était pas?

LE BARON.

Merci. Ah! j'ai bien pensé à vous durant cet éternel voyage. J'ai souvent tourné la tête en arrière et maudit la longueur du temps et des distances! Mais c'était pour vous que je vous avais quittée. Vos intérêts étaient en jeu, votre fortune compromise. Cette idée ranimait mon courage. Je suis tombé comme la foudre sur ce « maudit » Américain qui menaçait de vous faire banqueroute. « Et je l'ai secoué! » Et j'ai sauvé le joli petit argent de ma Gaetana... Voulez-vous savoir au juste combien vous êtes riche?

GAETANA.

A quoi bon? Nous ne manquerons de rien pour nous-mêmes, et nous aurons de quoi donner aux pauvres. Mon ambition ne va pas plus loin.

LE BARON.

Vous êtes un bon petit ange... l'ange-gardien de mon honneur! Oui, le monde est ainsi fait. L'honneur d'un soldat ne dépend que de son courage; l'honneur d'un négociant ne dépend que de sa probité; l'honneur d'un mari dépend de sa femme! Le mien, ma chère, est dans vos mains; dans vos petites mains blanches. C'est à vous de le garder intact; si vous oubliez un instant ce devoir sacré, l'homme le plus honorable de Naples deviendra un barbon ridicule, et ceux qui me saluent jusqu'à terre me montreront au doigt. Morbleu! j'y ai pensé souvent, tandis que je courais loin de vous. Plus d'une fois, les fantômes bizarres... Mais pardon! je vous aime, vous m'aimerez aussi, n'est-il pas vrai?

GAETANA.

De toutes mes forces.

LE BARON, allant s'asseoir.

Et vous n'aimerez que moi! Je lis cette douce vérité dans vos grands yeux. Ah! si j'avais trouvé un de ces damoiseaux de Naples installé dans votre cœur à la place qui m'appartient, je l'aurais tué!

GAETANA.

Comme vous avez dit cela! Vous me faites peur!

LE BARON.

Je plaisantais. Vous ne me connaissez pas encore. Il ne faut pas que ma façon de parler vous effraye. Je suis quelquefois un peu vif; mais, Dieu merci! je ne suis pas « assez vieux pour être[1] » jaloux. Vous serez heureuse, et même aussi libre que vous le voudrez. A Naples, ici, partout, vous irez où il vous plaira. Je ne demande que la permission de vous accompagner. Vous choisirez des amis de votre goût, pourvu qu'ils soient mes amis. Je veux que vous soyez entourée de tous les plaisirs de votre âge, que tous vos jours soient des jours de fête, que jamais une larme ne ternisse l'éclat de ces beaux yeux! Pourquoi donc avez-vous pleuré aujourd'hui?

GAETANA, se levant.

Je vous l'ai dit, mon ami; j'étais un peu souffrante, et, si vous voulez tout savoir, j'avais eu un peu de chagrin.

LE BARON, se levant.

Quel chagrin?

GAETANA.

Peu de chose.

LE BARON, souriant.

Ce n'est pas mon retour qui vous attristait, j'en suis sûr. Qu'est-ce donc? Montrez un peu de confiance à votre meilleur ami.

GAETANA.

Si vous m'aimez autant que vous le dites, ne me questionnez pas ce soir.

LE BARON.

Vos caprices sont des ordres: mais je croyais avoir épousé la loyauté même.

GAETANA.

Discrétion n'est pas déloyauté!

1. Coupé à la représentation.

LE BARON.

Qui vous a enseigné cette belle maxime?

GAETANA.

Ma conscience!

LE BARON, avec colère.

Peste! votre conscience est « une gaillarde[1]! » (Doucement.) Pardon! je voulais vous dire avec amitié que je n'aurai jamais de secret pour vous, et que j'espère obtenir une douce réciprocité. Cela viendra bientôt. En attendant que vous m'aimiez assez pour tout me dire, ma chère enfant, gardez votre secret.

GAETANA.

Demain, je vous dirai pourquoi j'ai pleuré.

LE BARON, souriant.

« On ne fait pas crédit dans notre commerce[2]; » soyez bonne et gentille! Ce que vous voulez me dire demain, contez-le-moi tout de suite. Si vous vous obstinez dans ce méchant silence, je croirai qu'un homme vous a manqué de respect.

GAETANA.

A quoi pensez-vous? Quel homme parmi ceux que nous voyons serait capable d'insulter une femme?

LE BARON.

On peut offenser une femme sans lui donner des soufflets. Par exemple, l'aveu d'un sentiment coupable est une offense plus sanglante que toutes les autres. La femme qui l'a subie une fois demeure déshonorée et couverte de honte jusqu'à ce qu'elle ait été vengée par son mari. Voilà des choses que vous n'avez pas apprises au couvent, mais que je dois vous enseigner pour votre gouverne. Tout homme qui vous parle d'amour vous offense. Tout homme qui vous serre la main en dansant, ou vous sourit avec tendresse, ou vous fait un présent, si minime qu'il soit, nous offense l'un et l'autre, et c'est à moi de le punir.

GAETANA.

Je vous remercie de m'instruire, monsieur, et je me conduirai

1. Coupé à la représentation.
2. *Idem.*

de telle sorte que vous n'ayez jamais à vous venger de personne. Dieu! que le mariage a des lois sévères! Il ne faut qu'une parole, un sourire, un présent sans valeur pour condamner les femmes à la honte et les hommes à la mort! Il n'y a donc pas de péchés véniels dans cette religion-là?

LE BARON.

Non, car il n'y a pas de faveurs sans conséquences : une rose « de deux liards [1] » jetée à la tête d'un amoureux, peut l'enivrer pour toute la vie : elle peut donc empoisonner toute la vie d'un mari.

GAETANA, épouvantée.

Vraiment! une rose, dites-vous?

LE BARON.

Je ne dis pas cela pour la rose que vous cachez.

GAETANA.

Moi! je ne la cache point.

LE BARON.

Jolie fleur! Nous n'avons pas cette variété-là dans le jardin.

GAETANA.

Pardonnez-moi : elle a été cueillie ici, et, si je ne me trompe, voici le rosier.

LE BARON.

En effet. Vous l'avez cueillie vous-même?

GAETANA, troublée.

Moi-même? Oui, monsieur, moi-même.

LE BARON.

Alors, donnez-la moi ; vous me ferez plaisir.

GAETANA.

Quelle singulière fantaisie!

LE BARON.

Vous tenez à celle-là? Je respecte vos raisons. Soyez donc assez aimable pour m'en cueillir une autre!

1. Coupé à la représentation.

GAETANA.

Volontiers. (Elle lève le bras, et s'aperçoit que le rosier est trop haut pour qu'elle y puisse atteindre.) Mais pourquoi ne vous donnerais-je pas celle-ci? Prenez, monsieur.

LE BARON.

Qu'avez-vous? Votre main tremble.

GAETANA.

En effet, le malaise dont je me plaignais tout à l'heure a augmenté depuis quelques instants; je ne me sens pas bien, et, si vous le permettez, je rentrerai dans ma chambre. Le voulez-vous?

LE BARON.

J'arrive de New-York pour vous obéir et non pour vous commander.

GAETANA.

Merci, et à demain, n'est-ce pas?

LE BARON.

Ah!... à demain?

GAETANA.

Oui,... à demain. (Elle s'éloigne à droite.)

SCÈNE IX.

LE BARON, puis CARDILLO.

LE BARON, s'approchant du rosier, regarde attentivement le sol, se relève et s'écrie :

Cardillo! Cardillo! (S'approchant du fond.) Qui es-tu, toi, là-bas? Joseph! va me chercher Cardillo. Tobie! amène-moi Cardillo. (A Cardillo, qui entre.) Cours, et trouve-moi Cardillo!

CARDILLO, venant de la droite.

Mais, monsieur le baron, je...

LE BARON.

Ah! c'est toi?

CARDILLO.

Monsieur le baron a daigné jeter les yeux sur mon modeste compliment?

LE BARON.

Oui, c'est un chef-d'œuvre. Je t'ai chargé de surveiller ma femme.

CARDILLO.

Oui, monsieur le baron.

LE BARON.

Dis-moi tout!

CARDILLO.

Eh bien, monsieur le baron, madame est un ange du ciel.

LE BARON.

Tu en es bien sûr?

CARDILLO.

Aussi vrai que... que...

LE BARON.

Tu chercheras les comparaisons plus tard. Elle n'aime personne? Personne ne lui fait la cour?

CARDILLO.

Oh! ça, non, monsieur le baron!

LE BARON.

Regarde-moi ceci!

CARDILLO.

Oui, monsieur le baron, c'est une rose.

LE BARON.

Et cela?

CARDILLO.

C'est le rosier.

LE BARON.

Et cela?

CARDILLO.

La terre.

LE BARON.

Et ceci?

CARDILLO.

L'empreinte de deux bottes.

LE BARON.

Ane bâté! cuistre! maraud! faquin! tu vois bien qu'il y a un secret dans ma maison! Trouve-le d'ici à demain, ou je te chasse! (Il sort à droite.)

FIN DU PREMIER ACTE.

ACTE DEUXIÈME

Le cabinet du baron. — Portes à droite et à gauche. — Ameublement sévère. — Un bureau couvert de papiers, à droite. — Un coffre-fort, à gauche. — Deux flambeaux dont les bougies s'éteignent dans leur bobèche. — Cheminée au fond. — Croisée à droite.

SCÈNE PREMIÈRE.

CARDILLO, LÉONORA.

CARDILLO.

Eh bien?

LÉONORA, sortant par la porte de gauche, un coffret à la main.

Elle dort comme une innocente qu'elle est.

CARDILLO.

Innocente? Nous verrons bien. Nous avons le coffre aux secrets!

LÉONORA.

Je n'ai pas eu peur de le prendre, parce que je suis sûre que vous n'y trouverez rien de mal. (Cardillo prend le coffret.) Qu'est-ce que vous avez fait de votre monsieur?

CARDILLO.

Monsieur est sorti dès le matin, après s'être promené toute la nuit dans son cabinet. (Il va porter le coffret sur la cheminée.)

LÉONORA, soufflant les bougies.

Ça se voit. Il faut avouer que votre maître passe drôlement ses nuits de noces. La première sur le chemin de l'Amérique, la seconde en voyage dans la maison!

CARDILLO.

Il n'y a pas de quoi rire! Songez plutôt à plaindre un fidèle serviteur qui s'est mis en frais de poésie pour fêter le retour de son maître, et qui, pour tout remercîment, se voit menacé d'une destitution.

LÉONORA.

Pas possible?

CARDILLO.

Oui, mademoiselle Léonora, vous aurez la douleur de me perdre si nous ne trouvons pas là dedans le secret de madame.

LÉONORA, retenant son bras.

Mais quel secret peut-elle avoir?

CARDILLO, d'un ton solennel.

Un amant, peut-être.

LÉONORA.

Mon pauvre monsieur Cardillo! vous me faites de la peine avec votre ton solennel. Je ne sais peut-être pas ce que c'est qu'un amant?

CARDILLO.

Vous, mademoiselle Léonora?

LÉONORA.

Oui. Un amant est un monsieur qui donne des pièces d'or aux femmes de chambre. Mais sachez qu'en trois mois je n'ai pas touché un sou de plus que mes gages. Donc, soyez persuadé que madame n'a pas d'amant.

CARDILLO va au coffret.

Monsieur sait ce qu'il dit, et c'est monsieur qui m'a fait l'honneur de me préposer à cette enquête.

LÉONORA, lui arrêtant le bras.

Comment! c'est votre vieux jaloux qui vous a dit?... Rendez-moi mon coffret! (Elle prend le coffret.) Je me haïrais comme un serpent, si j'avais eu le malheur de vendre madame à votre monsieur!

CARDILLO.

Et moi, je me mépriserais comme un « prostitué, » si je ne veillais pas à l'honneur de mon maître. (Il prend le coffret.)

LÉONORA, tirant le coffret à elle,

Rendez-moi cela! ou je crie à réveiller madame! (Le baron entre par la droite.)

CARDILLO, même jeu.

J'en serai quitte pour aller chercher monsieur!

LÉONORA, même jeu,

Madame!

CARDILLO.

Monsieur!

SCÈNE II.

LES MÊMES, LE BARON.

LE BARON.

Qu'est-ce? (A Cardillo.) Le docteur n'est pas venu?

CARDILLO, troublé.

Non, monsieur le baron. Je...

LE BARON.

Qu'avez-vous tous les deux?

LÉONORA.

Rien, monsieur le baron.

LE BARON.

Je vous demande à quel jeu on jouait ici lorsque je suis entré?

LÉONORA, cachant le coffret.

Pardonnez-moi, monsieur le baron. C'était M. Cardillo qui faisait mine de m'arracher des mains... quelque chose.

CARDILLO.

Monsieur le baron sait que je suis incapable de rien prendre, sinon pour le service de monsieur le baron.

LE BARON, à Léonora.

Et peut-on voir cette boîte que vous vous disputez si courageusement?

LÉONORA, montrant la boîte de loin.

Oh! rien, monsieur le baron, un petit coffret.

CARDILLO.

Appartenant à madame la baronne.

LÉONORA.

Raison de plus pour le respecter!

CARDILLO.

Tous les secrets ne sont pas respectables.

LÉONORA.

Celui qui parle ainsi de madame en a menti.

CARDILLO.

Je n'ai jamais menti à monsieur, ni servi de complice aux personnes qui le trompent.

LE BARON.

Taisez-vous! Vous avez tort tous les deux. Il n'y a pas de secrets dans la maison de vos maîtres, et, s'il y en avait un, le premier de vos devoirs serait de l'ignorer.

LÉONORA, à Cardillo.

Ah!

CARDILLO, au baron.

Cependant, monsieur le baron m'a dit hier...

LE BARON.

Pas de réplique! Je trouve impertinent que nos valets, dans notre maison, se querellent pour et contre nous et prennent notre honneur pour champ de bataille. (A Léonora.) Ce coffret n'aurait pas dû sortir de l'appartement de votre maîtresse. Laissez-le là. (A Cardillo.) Toi, si tu te permets de faire, de dire ou de voir autre chose que ton service, ton compte sera réglé dans les vingt-quatre heures.

LÉONORA, à Cardillo.

Attrape!

LE BARON.

Allez! (Léonora sort par la porte de gauche; Cardillo par la porte de droite. Le baron prend le coffret. Cardillo rouvre la porte et annonce.)

CARDILLO.

Excellence, monsieur le docteur Capricana. (Le baron pose le coffret sur le bureau.)

SCÈNE III.

CAPRICANA, LE BARON.

CAPRICANA, très-brouillon et jovial.

Bonjour, cher ami! Je ne vous demande pas si vous avez bien passé la nuit. Trop discret! Et quant à votre santé, je n'en suis pas en peine : vous avez un petit air réjoui! une mine de prospérité!

LE BARON.

En effet, je ne me porte pas mal.

CAPRICANA.

Ne faites donc pas le modeste! Vous avez dix-huit ans, ce matin.

LE BARON.

Je vous remercie.

CAPRICANA, finement.

Ose-t-on vous demander des nouvelles de notre adorable baronne?

LE BARON.

C'est pour elle que je voulais vous consulter.

CAPRICANA.

Ah! bah!

LE BARON.

Elle est un peu souffrante. Ne m'avez-vous pas dit que ma femme était sujette à des migraines?

CAPRICANA.

Moi! j'ai dit cela?... Ah! oui, je me rappelle... pour le besoin de la cause. Mais j'aurais pu vous dire aussi que notre jolie baronne avait une santé de fer. La migraine est une fiction, ou, si vous l'aimez mieux, une chimère. Bref, mettons que je n'ai rien dit : est-ce cela?

LE BARON.

Pas tout à fait. Il est certain que ma femme avait les yeux rouges comme une personne qui a pleuré.

CAPRICANA, fredonnant; il s'assied.

Brroum, brroum, brroum!... la névralgie produit de ces effets-là, qui se produisent aussi sans névralgie. Franchement, entre nous, qu'est-ce que cela vous fait?

LE BARON.

C'est que... les larmes en question pourraient provenir d'une source... inquiétante.

CAPRICANA.

Ah çà! c'est donc vrai? On me l'avait bien dit, mais je ne voulais pas le croire. Vous êtes jaloux?

LE BARON.

Je ne suis pas jaloux. Qui vous a dit que j'étais jaloux?

CAPRICANA.

Mon Dieu, cher ami, personne.

LE BARON.

Personne! c'est donc vous qui l'avez inventé?

CAPRICANA.

Mais non; j'ai dit personne, comme j'aurais dit tout le monde.

LE BARON.

Ah! tout le monde! Ainsi je suis la fable de toute la ville?

CAPRICANA, se levant.

Avez-vous vu comme il prend feu! C'est un brûlot, ma parole d'honneur. Eh! que diable! quand vous seriez un peu jaloux, et quand on le dirait par-ci, par-là, il n'y aurait pas de quoi mourir de honte! Vous auriez tort, assurément; mais vos cinquante-cinq ans vous excuseraient aux yeux de tous les sages.

LE BARON.

Vous veniez ici en mon absence?

CAPRICANA.

Moi? Tous les jours.

LE BARON.

Alors vous savez comme moi que je n'ai aucun sujet d'inquiétude.

CAPRICANA.

Halte-là, mon terrible ami ! Je vous vois venir, mais n'espérez pas me faire parler. Non, je connais mes devoirs. Un médecin est un confesseur, lors même qu'il n'a reçu la confession de personne. Je serai muet comme la tombe.

LE BARON.

Il y a donc des secrets, puisque vous les gardez ?

CAPRICANA.

Des secrets ! au pluriel ! Pourquoi pas une douzaine ? Mon cher ami, c'est tout au plus s'il y en a un seul, un tout petit, et fort innocent, j'en suis sûr.

LE BARON.

S'il est innocent, contez-le-moi.

CAPRICANA.

Je ne vous en dirai pas un mot, quand cela serait le secret de Polichinelle ! Voilà comme je suis.

LE BARON.

Eh bien ! moi, je vous dirai ce que j'ai deviné.

CAPRICANA.

Oui, oui, plaidez le faux pour savoir le vrai ! On ne me prend pas à ces amorces.

LE BARON.

Je sais tout.

CAPRICANA.

Croyez-moi, ne dites jamais de ces absurdités-là, même pour rire. Savez-vous ce qu'on y gagne ?

LE BARON.

Voyons.

CAPRICANA.

On compromet sa femme, et l'on finit par être ce qu'on n'était pas : car, dès qu'une femme est perdue de réputation et qu'elle a tous les ennuis de la chose, elle serait bien sotte de s'en refuser les « plaisirs[1] ! »

1. *Agréments*. Commission d'examen.

LE BARON.

Qui vous parle de compromettre les femmes ? Ai-je rien dit ? ai-je rien supposé ? ai-je fait planer l'ombre d'un doute sur une personne que je vous défends de juger ?

CAPRICANA.

A la bonne heure ! car enfin il y a cent lieues du désir à la possession. Un amoureux n'est pas un amant, et de ce qu'un joli garçon est venu tendre ses filets autour d'une jolie femme, il ne s'ensuit aucunement qu'elle se soit laissé prendre.

LE BARON, se contenant.

Sans doute, un amoureux, un petit monsieur qui tend ses petits filets en faisant les yeux doux : cela n'est ni dangereux ni même compromettant.

CAPRICANA.

Car enfin vous ne pouvez pas espérer que madame la baronne, jolie comme elle l'est, et mariée à vous, ne sera désirée de personne.

LE BARON, prenant le coffret.

Ainsi vous prétendez qu'on fait la cour à ma femme ?

CAPRICANA.

Moi, je ne prétends rien du tout !

LE BARON.

Vous m'avez dit qu'un homme avait osé s'éprendre de Gaetana, qu'un insensé ne craignait pas de lui dire en face : « Je vous aime ! » qu'un larron d'honneur était venu chez moi tendre ses piéges autour d'elle ; qu'un infâme espérait me voler mon bien le plus précieux et me donner en risée à tout l'univers ! Vous l'avez dit ; et maintenant, son nom ? Je sais que ma femme est innocente, mais ce monsieur ne l'est pas, et j'ai le droit de savoir son nom. Si vous m'aimez, si vous n'êtes pas mon ennemi, si vous ne voulez pas que je vous déteste et que je me venge de vous : son nom !

CAPRICANA.

Mon ami, vous vous emportez !...

LE BARON, brandissant le coffret.

Son nom!

CAPRICANA.

Vous ne le saurez jamais; vous n'êtes pas assez raisonnable.

LE BARON, même jeu.

Son nom!

CAPRICANA.

Demandez-le à madame la baronne. Je suis sûr qu'elle n'a rien à vous cacher. Adieu!

LE BARON.

Au diable! (Il jette violemment le coffret, qui se brise; un paquet de lettres s'éparpille sur le plancher.)

CAPRICANA.

Que faites-vous? Je ne vous reconnais plus. (Il se penche pour ramasser les lettres.)

LE BARON se jette à terre et ramasse avidement les lettres.

Non, ne vous donnez pas cette peine! Je vous en prie!... Je vous le défends! (Il jette un coup d'œil sur tous les papiers.) Mes lettres!

CAPRICANA.

Qu'avez-vous, cher ami? Vous êtes malade?

LE BARON, se remettant par degrés

Pardonnez-moi, docteur. Je suis nerveux, ce matin, « comme un vieux fou. » C'est encore l'agitation du voyage. Je crois même, Dieu me damne! que j'ai brisé ce joli petit coffret. N'en dites rien à ma femme, surtout. Pauvre enfant! c'est là dedans qu'elle enfermait mes lettres. Les voici... toutes. Et pas autre chose. (Il met les lettres dans sa poche.)

CAPRICANA.

Bien! mettez-les sur votre cœur.

LE BARON.

Ne croyez pas un mot des sottises que vous avez entendu dire! Gaetana est au-dessus de tous les soupçons, je le sais. (Il enferme dans un tiroir les débris du coffret.) On peut lui faire la cour; je suis bien tranquille. Ce n'est pas elle qui prêtera l'oreille aux fadaises de tous vos galants.

CAPRICANA.

A la bonne heure ! je vous retrouve enfin.

LE BARON, doucement.

C'est votre faute aussi ! vous venez me mettre l'esprit à l'envers avec vos histoires.

CAPRICANA.

Moi ? je vous ai dit que votre femme était aussi vertueuse que jolie, et je vous le répète. Faut-il vous le dire jusqu'à demain ?

LE BARON.

Répétez toujours, mon ami ; je ne vous trouverai pas monotone. Vous déjeunez avec nous, pas vrai ?

CAPRICANA.

Volontiers ; si vous me permettez de faire une ou deux visites avant dix heures.

LE BARON.

Nous vous attendrons. Mais commencez par me suivre un instant chez notre chère malade.

CAPRICANA.

En avant, mauvaise tête ! et ne cassez plus votre mobilier ! (Ils se dirigent vers la gauche.)

SCÈNE IV.

LES MÊMES, CARDILLO.

CARDILLO.

Excellence ?

LE BARON.

Qu'est-ce encore, vieil imbécile ?

CARDILLO.

Un homme est là qui voudrait parler à monsieur le baron.

LE BARON.

Fais-le attendre ici.

CARDILLO.

C'est que... c'est un particulier assez mal famé dans le royaume.

LE BARON.

Eh bien, surveille-le. (Il sort avec le docteur, à gauche.)

SCÈNE V.

CARDILLO, BIRBONE.

CARDILLO, ouvrant la porte de droite.

Vous pouvez entrer, maître Birbone; mais vous aurez soin de ne toucher à rien.

BIRBONE.

Trop aimable !

CARDILLO.

M. le baron est dans les appartements de madame. (Il désigne du doigt la porte de gauche.) En attendant qu'il revienne, j'ai ordre de ne vous point quitter.

BIRBONE.

Eh! quelle compagnie plus honorable pouvait-on m'offrir ? Je dirai que l'illustre Cardillo, le plus lettré des intendants, m'a servi de cicerone dans la villa de son maître. C'est ainsi que le Tasse, votre rival en poésie, faisait les honneurs du palais de Ferrare. (Il s'approche de la porte du baron.)

CARDILLO, lui coupant le chemin.

N'espérez pas que vos flagorneries me fassent oublier mon devoir! Ceci est la chambre à coucher de M. le baron, et je n'ai pas reçu l'ordre de vous y faire entrer.

BIRBONE, d'un ton dégagé.

Oh! merci! Je n'ai pas sommeil. J'ai vu de la maison ce que j'étais curieux de connaître. Les appartements de réception sont en bas, n'est-il pas vrai ?

CARDILLO.

Oui, monsieur, et nous n'y recevons que la bonne compagnie.

BIRBONE, allant à droite, fait le tour de la table, puis va au balcon.

Je le savais, poëte aux ailes d'or. Je vous fais compliment de l'escalier que nous avons monté ensemble : c'est royal. Ce balcon qui donne sur la rue est du plus heureux effet; je comprends, divin Cardillo, qu'une résidence pareille vous inspire de si beaux vers ! Vous couchez au grenier ?

CARDILLO.

Non, monsieur, au second étage. C'est la valetaille qui loge au grenier.

BIRBONE.

Je n'ai pas besoin de vous demander où nous sommes. A ces attributs du travail, je reconnais le sanctuaire de M. le baron. (Il se dirige vers le bureau. Cardillo lui coupe le chemin.)

CARDILLO.

On ne touche pas aux papiers de mon maître !

BIRBONE.

Je ne sais pas lire ! (S'approchant du coffre-fort.) Par exemple, voici un meuble qui mérite d'être vu de près !

CARDILLO, l'arrêtant en chemin.

On ne touche pas au coffre-fort de M. le baron !

BIRBONE, saluant la caisse.

Le coffre-fort ! Il fallait le dire plus tôt ; le coffre-fort !

CARDILLO se met devant lui.

On ne salue pas le coffre-fort de M. le baron !

BIRBONE.

Je n'ai pas besoin d'argent.

CARDILLO.

Cependant je suppose que vous voulez quelque chose à mon maître ?

BIRBONE.

Oui, j'ai l'ambition de nouer connaissance avec lui.

CARDILLO, riant.

C'est merveilleux ! On a raison de dire que la canaille de Naples est bien la plus comique de l'univers !

BIRBONE.

De quel pays êtes-vous, maître Cardillo ?

CARDILLO, *avec dignité.*

De Naples même.

BIRBONE.

Y a-t-il longtemps que vous êtes au service de M. le baron ?

CARDILLO.

Dix-sept ans, monsieur Birbone.

BIRBONE.

Alors, vous le connaissez à fond ?

CARDILLO.

Je m'en pique.

BIRBONE.

N'est-ce pas un homme assez violent ?

CARDILLO.

C'est le plus doux des hommes.

BIRBONE.

Ah ! tant pis. On m'a dit qu'il était un peu serré, et que les pauvres gens jouaient gros jeu à lui faire tort d'une bagatelle ?

CARDILLO.

Je n'ai jamais essayé ; mais je puis vous dire que, de tous les gentilshommes de Naples, M. le baron est le plus généreux.

BIRBONE.

Diable ! Est-ce qu'il l'a toujours été, gentilhomme ?

CARDILLO.

De père en fils, depuis les croisades. Et voici nos armoiries ; un navire sur champ d'azur.

BIRBONE.

Un navire, dites-vous ? Mieux que cela, monsieur Cardillo ! un bateau à vapeur ! C'est quelque souvenir des croisades ?

CARDILLO.

Je n'ai pas de comptes à vous rendre.

BIRBONE.

Mais voici M. le baron. Je ne vous retiens pas, maître Cardillo. Allez rimer dans l'antichambre!

SCÈNE VI.

BIRBONE, LE BARON, venant de gauche.

CARDILLO.

Monsieur le baron n'a plus rien à me commander?

LE BARON, gaiement.

Non. Laisse-nous. (Cardillo sort. — A Birbone.) Eh bien, mon garçon, qu'est-ce que tu me veux?

BIRBONE.

Bien peu de chose, excellence; si peu, que, ma parole d'honneur, je ne sais par où commencer.

LE BARON.

Commence par me dire ton nom.

BIRBONE.

Alors, votre excellence ne me connaît pas? Il me semble cependant que nous avons dû nous rencontrer une fois.

LE BARON.

Où diable veux-tu que je t'aie rencontré?

BIRBONE.

Mon nom vous sera peut-être connu : je m'appelle don Grazioso Birbone.

LE BARON.

Ce n'est pas un nom de chrétien, cela?

BIRBONE.

Les hommes ont jugé à propos de m'appeler Birbone, c'est-à-dire mauvais sujet. Grazioso est une qualification qui m'a été donnée par les dames. De tout cela, je me suis fait un nom que je compte porter toute la vie, mon père ne m'en ayant pas laissé d'autre. Monsieur le baron n'a jamais coudoyé un garçon appelé Birbone?

LE BARON.

Non, que je sache.

BIRBONE.

Cependant monsieur le baron habite Naples depuis plus de dix ans?

LE BARON.

Oui, après?

BIRBONE.

Plus j'examine monsieur le baron, plus il me semble que ses traits ne me sont pas nouveaux.

LE BARON.

Où veux-tu en venir?

BIRBONE.

Je n'en sais rien! Monsieur le baron est bien sûr d'avoir toujours été baron? Il n'a jamais porté un autre nom que celui de del Grido?

LE BARON.

Que t'importe?

BIRBONE.

Je ne m'en informerais point, si je n'avais aucun intérêt à le savoir.

LE BARON.

En un mot, que veux-tu? De l'argent? Tu n'en auras pas.

BIRBONE.

Je ne suis pas un mendiant; je suis une victime de la brutalité des hommes.

LE BARON.

Qu'est-ce que l'on t'a fait?

BIRBONE.

Monsieur le baron est-il bien sûr qu'il n'a fait de mal à personne?

LE BARON.

Auras-tu bientôt fini, questionneur du diable? (Il se lève.) Je te préviens que ma patience est à bout.

BIRBONE.

Bien! les yeux pleins de feu, la bouche crispée!

LE BARON.

Sors d'ici, et ne me force pas de te jeter à la porte!

BIRBONE.

La voix! criez encore un peu, que j'entende la voix!

LE BARON, le saisissant par le bras et le faisant passer à gauche.

Impertinent drôle!

BIRBONE recule en poussant un grand cri.

Ah!

LE BARON.

Qu'est-ce qui te prend?

BIRBONE.

Rien; pardon! une idée!

LE BARON.

Tu as crié comme si l'on t'avait cassé le bras!

BIRBONE.

Ah! vous connaissez le cri de la bête à qui l'on a cassé la patte! Ah! monsieur le baron, la joie m'étouffe!

LE BARON.

As-tu perdu la tête?

BIRBONE.

On la perdrait à moins! Quelle occasion! Son bonheur, à elle! ma vengeance, à moi! La plus noble des femmes! le plus odieux des hommes, d'un seul coup! Et je suis au cœur de la place! et je n'ai qu'à étendre la main! (Il met la main dans sa poche du côté gauche.)

SCÈNE VII.

Les Mêmes, GAETANA.

GAETANA, entrant par la gauche.

Comment me trouvez-vous dans ma robe du matin? (Apercevant Birbone.) Je vous dérange? Mais c'est Birbone! Avez-vous besoin de quelque chose, Birbone?

BIRBONE.

De rien, mademoiselle, que de baiser le bas de votre robe, si vous daignez me le permettre. (Il met un genou en terre.)

LE BARON, à Gaetana.

Vous connaissez ce drôle?

GAETANA.

C'est un pauvre garçon à qui ma mère a fait un peu de bien.

BIRBONE.

Ajoutez, mademoiselle, qu'il se ferait tuer en place publique pour assurer votre bonheur. (Sur un geste du baron.) Je sors! Je vous ai vue, mademoiselle, je suis content. « Je vais brûler un cierge à saint Janvier, et demain, s'il plaît à Dieu, j'en brûlerai deux[1] ! » Au revoir, monsieur Poletti! (Il sort.)

SCÈNE VIII.

GAETANA, LE BARON.

LE BARON.

Une espèce de fou, qui m'a étourdi de ses propos incohérents.

GAETANA.

Par compensation, monsieur, je vais vous étonner de ma sagesse. J'ai causé longuement avec le docteur, et il n'a été question que de vous. Ah! vous avez en lui un ami dévoué!

LE BARON, ironiquement.

Est-ce qu'il a osé prendre ma défense?

GAETANA.

Il aurait fallu que vous fussiez attaqué. Non, mais il m'a appris à vous connaître. Il m'a montré que sous les emportements de ce méchant caractère vous cachiez des trésors de bonté, de noblesse et de grandeur. Il m'a prouvé que j'étais la plus heureuse des femmes, et je l'ai cru. Ai-je bien fait, mon maître?

1. Commission d'examen.

LE BARON.

Vous aviez donc commencé par vous plaindre de moi?

GAETANA.

Fi! le vilain mari que vous êtes! pouvez-vous supposer qu'une plainte ou seulement un regret se soit échappé de mon cœur?

LE BARON.

Alors, vous les enfermez, de peur qu'ils ne s'échappent?

GAETANA.

Qu'avez-vous donc? Vous étiez charmant tout à l'heure, et voilà que vous fauchez toutes les fleurs de mon jardin! Tant pis pour vous, monsieur. J'avais encore tout plein de bonnes choses à vous dire, et maintenant je ne m'en souviens plus.

LE BARON.

Pardonnez-moi. Les sots propos de cet original m'avaient laissé sous une impression détestable. Maintenant, je suis tout à vous, bien à vous.

GAETANA.

Pris au mot! Puisque vous êtes à moi, je vous emporte. (Elle le fait asseoir.) C'est encore une chose arrangée avec le docteur. Décidément, il y a trop de monde ici. Si nous recevons, vous serez jaloux; si nous fermons notre porte, on jasera. (Elle s'assied.) Allons-nous-en bien loin, bien loin! N'avez-vous pas une propriété dans le pays de Léonora? C'est là que je veux m'enfermer avec vous jusqu'à la fin de l'automne. Lorsque l'hiver nous chassera vers Naples, nous serons un vieux ménage: vous ne douterez plus de moi, et je n'aurai plus peur de vous.

LE BARON.

Je vous fais donc peur, Gaetana?

GAETANA.

Dame! un peu. Vous prenez quelquefois des airs si farouches!

LE BARON.

C'est que je vous aime!

GAETANA.

Quoi! la mauvaise humeur est une preuve d'amitié?

LE BARON.

D'amitié, non, mais d'amour. L'amitié est chose banale, partageable[1], indifférente. C'est un pâle soleil qui luit pour tout le monde. L'amour, Gaetana, est le lien étroit d'une seule et d'un seul. C'est une passion exclusive, entière, jalouse. Si vous étiez une femme, et non pas une enfant, au lieu de me reprocher la surveillance ombrageuse dont je vous entoure (car je vous ai toujours surveillée), vous en seriez fière. Il n'y a pas une femme dans Naples, il n'y en a pas une dans l'univers qui puisse se flatter d'être aimée comme vous! « Je vous ai choisie entre mille. « Toutes les mères seraient tombées à mes genoux si elles avaient « pu, au prix de cette bassesse, obtenir ma main pour leurs « filles. Je vous apporte non-seulement la fortune amassée par « une vie de travail, mais une jeunesse accumulée depuis long- « temps comme le trésor d'un avare. C'est une somme incalcu- « lable d'amour; tout un cœur qui s'est gardé pour vous, capital « et intérêts.» On vous a dit que j'étais un vieillard; mais qu'est-ce que les années? Des almanachs qui s'écroulent l'un sur l'autre. Les cheveux blancs? Une neige qui tombe sur la forêt, mais qui n'a jamais éteint la séve ardente des grands chênes. Je suis cent fois plus jeune que les damoiseaux de trente ans qui font la roue autour de vous, car ils ont fini la vie, et je la commence; ils ont bu la satiété au fond de la coupe, et j'ai soif! (Doucement.) M'avez-vous compris, Gaetana?

GAETANA.

Je ne sais pas; je crois; je comprends que vous m'aimez bien fort, et que je dois vous aimer aussi.

LE BARON.

« Comprenez-vous que vous devez tout me dire et m'ouvrir « votre cœur comme je vous ouvre le mien?

GAETANA.

« Oui, monsieur. »

1. Les jeunes spectateurs du parterre se sont imaginé, bien à tort, que j'insultais à l'amitié. Peut-être aurais-je dû leur apprendre, par l'organe du régisseur, que l'auteur n'est pas solidaire de tous ses personnages : la naïveté publique est si grande en 1862!

LE BARON.

Et cependant, hier, vous ne m'avez pas dit la vérité. « J'en « suis sûr maintenant, vous me cachiez quelque chose.

GAETANA.

« Ne m'en parlez pas, j'en suis toute honteuse.

LE BARON.

« Ah! »

GAETANA.

Je vous aurais tout conté de prime abord; mais vous m'avez épouvantée par vos menaces, et j'ai craint de causer un malheur.

LE BARON.

Et maintenant?

GAETANA.

Oh! maintenant, il n'y a plus de danger pour personne, et je ne crains plus de vous confesser mes crimes. Cette rose, vous savez? ce n'était pas moi qui l'avais cueillie; le rosier était trop haut pour ma main... C'est un jeune homme qui me l'a donnée.

LE BARON, *se contenant, d'un ton patelin.*

Un beau jeune homme?

GAETANA.

Oui, et surtout bon et dévoué. Figurez-vous que, depuis trois mois, le pauvre garçon se désespérait de ne pas m'avoir connue avant vous pour me demander en mariage! Je crois qu'il m'aimait bien aussi; non pas violemment, comme vous disiez tout à l'heure, mais d'une franche et sincère amitié. Lorsqu'il a su que vous reveniez, il a perdu la tête. Il s'est mis à jouer, par dépit, et il s'est presque ruiné.

LE BARON.

Pauvre enfant!

GAETANA.

N'est-ce pas? Je le plaignais aussi de tout mon cœur.

LE BARON.

Et, comme vous n'êtes pas femme à recevoir sans rendre, lorsqu'il vous a donné cette fleur, vous lui avez accordé quelque chose en échange?

GAETANA.

Oui, monsieur, un baiser sur le front, le baiser d'une sœur à son frère, et je suis allée pleurer dans un coin.

LE BARON.

Oui, la migraine en question.

GAETANA.

J'aurais eu bien mauvais cœur si je n'avais pas pleuré. Il partait pour l'armée.

LE BARON, *furieux.*

Il est parti !

GAETANA.

Sans cela, oserais-je vous raconter?...

LE BARON, *se contenant.*

C'est juste. Mais, puisqu'il est parti, rien ne vous défend plus de me dire son nom.

GAETANA.

Je ne vous l'ai pas encore nommé? C'est le comte Gabriel Pericoli.

LE BARON, *se levant.*

Enfin! Ma haine ne s'égarera plus au hasard! Pericoli! En effet, une vieille famille. Ce n'est pas un parvenu comme moi! Un jeune homme, n'est-il pas vrai? Au fait, vous me l'avez dit. Ah! ce monsieur vous donne mes roses, et vous lui rendez des baisers fraternels!... Et quand je reviens d'un voyage de trois mois, où j'ai sauvé votre fortune, le premier mouvement de ma femme est de pleurer le départ de ce monsieur! Et sans doute il était là, caché dans la foule, lorsque vous m'avez salué de cette belle révérence? L'accueil dont vous m'honoriez n'a pas dû lui donner de jalousie, et je suppose qu'il a été content de vous!

GAETANA, *indignée.*

Monsieur!

LE BARON.

Mais, pardon! j'ai interrompu votre récit au bon moment. N'aviez-vous pas encore quelques péchés mignons à confesser?

GAETANA, froidement.

Je vous ai tout dit.

LE BARON, ironiquement.

Ah! tant mieux! Ainsi l'histoire se termine au baiser fraternel?

GAETANA.

Oui, monsieur.

LE BARON.

Vous en êtes bien sûre? Alors, ma chère, votre amant n'est pas parti. On ne s'arrête pas en si beau chemin; et les jeunes gens de notre siècle ne s'en vont jamais sur un baiser fraternel[1].

« GAETANA.

« Qu'est-ce à dire?

« LE BARON.

« De deux choses l'une : ou le beau Pericoli a obtenu plus que « vous ne m'avez dit, et il s'enfuit à l'armée pour échapper aux « conséquences de ses fredaines, ou vous l'avez laissé à la pre- « mière page, et il restera ici pour achever le roman. Vous me le « présenterez un de ces jours; il s'invitera à dîner sans façon; « nous aurons en lui un compagnon inséparable, un ami à toute « épreuve; il prendra nos intérêts plus que nous-mêmes, et c'est « lui qui se frottera les mains si Dieu nous envoie des enfants! »

GAETANA.

Je ne vous comprends plus, monsieur.

LE BARON.

C'est pourtant un chapitre de l'histoire universelle.

GAETANA.

Je ne m'explique pas bien toutes vos paroles, mais quelque chose me dit qu'elles ont un sens outrageant pour moi. Quelle raison avez-vous de me faire honte? J'étais libre de garder mes secrets, et je vous ai tout dit. Une femme de mauvaise foi agirait,

1. C'est ici qu'un seigneur de la troisième galerie s'est écrié dans un accès de légitime indignation : « N'insultez pas la jeunesse! » O petit Alcibiade d'estaminet! combien de fois es-tu sorti des bals de M. Bullier ou des soupers de la rôtisseuse sur un baiser fraternel?

je pense, autrement. S'il vous plaît de supposer que je cache une partie de la vérité, informez-vous à d'autres. Vous avez des espions, si je ne me trompe; mettez-les en campagne. Ils vous répéteront que le comte était désespéré, et qu'il est parti ce matin.

CARDILLO, annonçant.

Monsieur le comte Pericoli!

GAETANA.

Malheureux!

LE BARON.

Taisez-vous! Cachez-vous! (Il la pousse par la porte de gauche.) C'est à moi de recevoir nos amis!...

SCÈNE IX.

LE COMTE, LE BARON.

LE COMTE, froidement.

Monsieur, je n'ai pas l'honneur d'être connu de vous, mais...

LE BARON, très-gracieux.

C'est trop de modestie, monsieur le comte!... Il n'est personne dans le royaume qui ne sache le beau nom de Pericoli. D'ailleurs, j'ai connu personnellement monsieur votre père.

LE COMTE.

En effet, je crois me rappeler qu'il était en relation d'affaires avec vous.

LE BARON.

D'affaires et d'amitié, je m'en flatte. (Il lui fait signe d'avancer.) Nous étions du même âge, et, quoique ma naissance ne fût pas à beaucoup près aussi noble que la sienne, nous avons été jeunes ensemble.

LE COMTE, très-froidement.

J'en suis fort aise, monsieur, mais...

LE BARON.

Ah! monsieur le comte... Votre père, à trente ans, était un

beau cavalier et un vert galant! Je vois que ce noble sang n'a pas dégénéré, et j'entends dire que vous chassez de race!

LE COMTE.

Pardon, monsieur, je suis pressé et je ne suis pas venu ici pour entendre l'histoire de mon père... Je...

LE BARON.

Eh! la! la! jeunesse bouillante : n'ayez pas peur. Je ne vous conterai pas toutes ses aventures. Il a fait bien des heureuses et bien des malheureux. Par exemple, je dois dire que, dans ses égarements les plus fougueux, il n'oubliait jamais la loyauté du gentilhomme. « Il chassait hardiment sur toutes les terres, « excepté sur celles d'un ami. Je parierais qu'il a séduit plus de « mille femmes; je jurerais qu'il n'a jamais trompé un homme! » Et, tenez! lorsqu'il était l'amant de la duchesse... le nom n'y fait rien; elle est grand'mère aujourd'hui... elle le supplia de paraître à un bal qui se donnait chez elle. « Non, répondit votre noble père; il faudrait serrer la main de ton mari, et mourir de honte. » Comment trouvez-vous cela, mon jeune ami? Les amants d'aujourd'hui sont-ils encore aussi fiers?

LE COMTE.

Oui, monsieur, dans ma famille.

LE BARON.

Bien répondu, morbleu! Jeune homme, je vous estime; touchez là! (Il lui tend la main.)

LE COMTE, après un moment d'hésitation, lui donne la main.

Monsieur...

LE BARON, sans le lâcher.

Pardon! vous ne m'avez pas dit si vous veniez ici pour moi ou pour ma femme?

LE COMTE, retirant sa main.

Pour vous rendre service, à vous.

LE BARON.

En sommes-nous déjà aux services? C'est grave. Je croyais que vous ne me deviez encore que des politesses!

LE COMTE.

Je ne vous dois rien, monsieur, et, si je vous devais quelque chose, cet accueil, dont j'ai fort bien compris l'ironie, me dégagerait de toute obligation. Si donc je m'obstine à vous rendre service, c'est pour l'acquit de ma conscience et la satisfaction de mon honneur.

LE BARON.

En vérité! Eh bien, monsieur, satisfaites votre honneur! nous verrons ensuite à raccommoder le mien!

LE COMTE.

Contentez-vous, pour le moment, de défendre votre vie. Un homme capable de tout a formé le projet de vous assassiner. Je le crois brave, adroit et exercé à la pratique du crime. Il est d'autant plus à redouter, qu'il n'en veut pas à votre argent. Les craintes qui retiendraient un malfaiteur vulgaire n'ont point de prise sur lui. Le ressort qui le pousse en avant est plus fort que l'intérêt. Il ne guettera pas l'occasion, il la fera naître, et je ne doute pas que vous n'ayez bientôt affaire à lui. Changez donc vos serrures, ou doublez les verrous, ou demandez du renfort à la police. Voilà, monsieur, ce que je voulais vous dire, pour vous, avant de quitter Castellamare. Maintenant que vous êtes averti, j'ai l'honneur de vous saluer. (Il va pour sortir.)

LE BARON.

Oh! pas encore! Laissez-moi vous exprimer ma reconnaissance et surtout mon admiration!

LE COMTE.

Je n'ai nul besoin de vos compliments.

LE BARON.

Savez-vous que c'est admirablement inventé? Je changerai mes serrures, je doublerai mes verrous, je mettrai garnison chez moi. Naturellement, les voleurs n'approcheront pas de la maison, et vous aurez la gloire de m'avoir sauvé. Naturellement aussi, je vous regarderai comme un bienfaiteur, et je conterai votre belle conduite à ma femme; c'est le devoir d'un mari. Naturellement, enfin, ma femme vous trouvera si magnanime, qu'elle ne pourra se défendre de vous adorer tout à fait. Ah! monsieur le comte, c'est tour de bonne guerre, et votre honnête homme de père n'aurait pas trouvé celui-là !

LE COMTE.

Eh! monsieur, laissez-vous tuer si le cœur vous en dit!

LE BARON.

Vous excuserez mon scepticisme; mais, quand j'ai quinze domestiques à la maison, je ne crois pas aux malfaiteurs.

LE COMTE.

Tant pis pour vous!

LE BARON.

Au moins me direz-vous par quel miracle ce complot tramé dans l'ombre est venu généreusement se dévoiler à vos yeux?

LE COMTE.

Comment je le sais?... Rien de plus simple : on est venu m'offrir votre vie.

LE BARON, vivement.

Arrêtez! je vous crois. (Élevant la voix.) Mais maintenant j'ai le droit de vous demander pourquoi c'est à vous que les malfaiteurs de Naples vont offrir la vie du baron del Grido. Vous êtes donc intéressé à ma mort? Tout le monde sait donc qu'un de nous deux prend la place de l'autre, et que deux hommes auprès d'une femme, c'est un de trop?

LE COMTE.

Je n'ai ni pris ni sollicité la place de personne. Il est vrai que j'aime madame la baronne del Grido.

LE BARON, avec éclat.

Ah!

LE COMTE.

Mais je la respecte assez pour ne le lui avoir jamais dit. Si mes sentiments cachés se sont découverts à quelqu'un, je le regrette sincèrement, et j'espère que mon départ va tout réparer. (Il s'avance vers la porte du fond.)

LE BARON, lui lançant un gant sans l'atteindre.

Vous ne vous en irez pas sans relever mon gant!

LE COMTE, ramasse le gant et le rapporte sur le bureau.

Je ne le relève pas, monsieur, je le ramasse. Vos injustices et vos violences sont excusables; je serais sans excuse, moi, si j'allais me mesurer avec un vieillard.

LE BARON.

Vieillard! Un homme de cœur est toujours jeune, et il n'y a de vieux que les lâches!

LE COMTE.

Monsieur, je me suis battu quelquefois, et je pars aujourd'hui pour l'armée.

LE BARON.

Non, vous dis-je, vous ne partirez pas! Vous m'appartenez! Il faut que je vous insulte publiquement, que je vous force... Je sais tout; ma femme m'a tout avoué : vous voyez bien que vous ne pouvez plus partir!

LE COMTE.

Si elle vous a tout avoué, vous devez avoir beaucoup de respect pour elle et un peu d'estime pour moi!

LE BARON.

De l'estime pour ce gentilhomme qui m'a bassement serré la main! Du respect pour cette vertu qui s'abandonne dans mes jardins aux caresses d'un damoiseau!

LE COMTE, furieux.

Arrêtez! c'en est trop!...

LE BARON.

Il vous est donc venu du sang dans les veines?

LE COMTE.

Quand vos injures ne tombaient que sur moi, je vous ai laissé dire; mais je ne souffrirai point qu'on insulte Gaetana!

LE BARON.

Vous osez défendre ma femme contre moi!...

LE COMTE.

Vous osez bien l'outrager, vous qui avez reçu de Dieu le privilége de la défendre[1] !

LE BARON.

Elle est à moi... je la traiterai comme il me plaira... Je suis le maître de la mépriser, de l'insulter, de la battre !

LE COMTE.

Et de l'assassiner comme la première ? Ah ! c'est ainsi !... Eh bien, tu auras ce que tu demandes ! Mieux vaut détruire un vieillard odieux que de livrer Gaetana aux tortures que tu lui prépares ! Dis-moi ton jour, ton heure, tes armes !

SCÈNE X.

LES MÊMES, GAETANA.

GAETANA, éplorée.

Gabriel !

LE BARON, courant à elle.

Que venez-vous faire ici ?

LE COMTE.

Restez, Gaetana ! Vous savez si je vous ai respectée, si j'ai refoulé dans mon cœur un sentiment qui m'étouffait. Eh bien, je vous dis devant cet homme ce que je ne vous ai jamais dit, je vous aime !... non pas d'un amour chaste et timide, patient et résigné comme hier, mais d'une passion sans mesure et sans frein ! « Qu'on vous surveille, je tromperai les espions ! qu'on « vous enferme, je vous délivrerai ! » Je jure de vous arracher des mains de ce vieillard et de vous emporter, cette nuit même, dans un pays où vous n'appartiendrez qu'à moi, votre amant[2] !

1. Cette scène, la meilleure de la pièce, si je ne me trompe, est celle qu'un public jeune et éclairé a sifflée le plus outrageusement.

2. Ici le public de l'Odéon a fait voir qu'il savait imiter les cris des animaux les plus divers.

LE BARON.

Misérable!

GAETANA.

Gabriel! je ne vous reconnais plus. Qui vous a donné le droit de me parler ainsi?

LE COMTE, montrant le baron.

Lui!

FIN DU DEUXIÈME ACTE.

ACTE TROISIÈME

Un salon au premier étage de la villa del Grido. — Au fond, grande fenêtre avec balcon. — Porte au troisième plan à gauche allant à l'extérieur. — A droite, premier plan, porte conduisant à l'appartement de Gaetana. — A gauche, premier plan, porte du cabinet du baron.—Table à gauche. Chaises.

SCÈNE PREMIÈRE.

LE COMTE. Une échelle de corde est attachée au balcon. Le comte arrive au niveau de la fenêtre et s'arrête un instant. Le comte enjambe le balcon et entre dans le salon.

LE COMTE.

Personne!...

LE BARON, au dehors.

Cardillo! (Le comte se blottit dans les rideaux de la fenêtre. Entre le baron, par la porte de gauche, deuxième plan; il tient une lanterne à la main.)

SCÈNE II.

LE COMTE, caché; LE BARON, CARDILLO.

LE BARON.

Cardillo!

CARDILLO, dans la coulisse.

Excellence?

LE BARON.

Entre ici, vieux poltron!

CARDILLO, entrant, une vieille épée dans la main droite, un flambeau à deux branches dans la main gauche, deux pistolets à la ceinture. — Accoutrement ridicule sans exagération.

Me voici, monsieur le baron. « Ces maudites statues de l'esca-

« lier ne me font pas peur, mais je crains toujours qu'elles ne « m'arrêtent au passage. »

LE BARON.

N'es-tu pas honteux de trembler ainsi?

CARDILLO.

C'est parce que je suis armé, monsieur le baron. Quand on n'a pas l'habitude!...

LE BARON.

Tu as commandé le bateau pour cette promenade à Soria?

CARDILLO.

Oui, monsieur le baron. Il sera prêt demain matin, à huit heures.

LE BARON.

Ces deux messieurs qui doivent m'accompagner?...

CARDILLO.

Ils sont venus pendant que monsieur le baron faisait sa ronde dans les massifs. Voici le petit mot qu'ils ont laissé.

LE BARON.

Donne donc! Éclaire-moi. (Cardillo approche le flambeau. — Il lit.) « Nous n'avons pas trouvé le comte. » Ah! « Mais deux de ses amis nous ont rendu notre visite. Tout le monde sera exact à l'heure indiquée. Mille amitiés, et à demain. » (A Cardillo.) L'armurier n'est pas venu?

CARDILLO, replace le flambeau.

Il a dit que sa boutique ouvrait à six heures du matin et qu'on trouverait chez lui tout ce qu'il fallait. Mais il supplie monsieur le baron de ne pas le compromettre. Je n'ai pas très-bien compris.

LE BARON.

Je ne te paye pas pour comprendre. Les gens de la maison sont encore sur pied?

CARDILLO.

Oui, monsieur le baron.

LE BARON.

Tu leur diras de se mettre au lit. Il n'y a rien à craindre pour ce soir.

CARDILLO.

Cependant, monsieur le baron...

LE BARON.

Cependant, quoi ?

CARDILLO.

Joseph a vu un homme de mauvaise mine qui rôdait autour de la maison.

LE BARON.

Ah !

CARDILLO.

Battista en a vu un autre ; Tobia en a vu deux autres ; moi-même, je ne suis pas bien sûr, mais il me semble que j'en ai vu quatre autres.

LE BARON.

Toute une armée alors ? Qui prouve trop ne prouve rien. As-tu vu le juge Martinoli ? Qu'est-ce qu'il t'a répondu ?

CARDILLO.

Je l'ai rencontré à deux portes d'ici, villa Mattei. Il y passe la soirée, ainsi que le docteur Capricana. M. Martinoli m'a donné deux sbires qui sont en bas.

LE BARON.

Armés ?

CARDILLO.

Comme moi.

LE BARON.

Où sont-ils ? dans la rue ?

CARDILLO.

Non, monsieur, au jardin.

LE BARON.

C'est plus sûr. Les fenêtres de la rue sont grillées ?

CARDILLO.

A l'étage d'en bas. Et quant au premier... (Il ferme la fenêtre et les volets.) monsieur le baron est comme dans une forteresse. (Avec terreur.) Ah! mon Dieu!

LE BARON.

Qu'y a-t-il?

CARDILLO.

Monsieur le baron n'a pas entendu? Là! (Il désigne la porte de gauche.) On a remué!

LE BARON.

C'est la peur qui te trouble la cervelle. Va-t en. Laisse-moi le flambeau, prends la lanterne.

CARDILLO, s'éloignant.

Fermerai-je la porte de l'escalier?

LE BARON.

Oui. De mon côté, je mettrai le verrou.

CARDILLO.

Mais par où entrerai-je demain matin chez monsieur le baron?

LE BARON, montrant la droite.

Tu descendras par l'escalier de service.

CARDILLO.

C'est juste. J'ai l'honneur de souhaiter une bonne nuit à monsieur le baron. (Il s'avance vers la porte du fond.)

LE BARON.

Ah!... Cardillo?

CARDILLO.

Monsieur?

LE BARON.

Tu m'as dit que ce Birbone était une espèce de bravo?

CARDILLO.

C'est bien connu.

LE BARON.

Et l'as-tu trouvé chez lui?

CARDILLO.

J'y suis allé vers dix heures. Il loue une chambre dans les communs de la villa Corinaldi, mais il n'était pas encore rentré.

LE BARON.

Tu y retourneras demain matin avant cette promenade. J'ai quelques arrangements à prendre avec lui en cas d'accident.

LE COMTE, *écartant la portière qui le cache.*

Lâche !

CARDILLO, *avec terreur.*

Cette fois, monsieur, j'ai bien entendu.

LE BARON.

Quoi ?

CARDILLO.

On a parlé derrière les volets.

LE BARON, *le poussant à la porte*

Tu rêves déjà, vieux fou ! va dormir !

CARDILLO.

« Si monsieur le baron n'a rien entendu, c'est qu'il n'y avait rien à entendre. Dans tous les cas, monsieur peut me sonner. Je ne dormirai que d'un œil. » Bonsoir, monsi...

LE BARON, *lui poussant la porte au nez.*

Bonsoir ! (*Il ferme au verrou la porte de l'escalier.*)

SCÈNE III.

LE COMTE, *caché ;* LE BARON, LÉONORA.

LE BARON, *s'approchant de la porte de droite.*

Léonora ! Léonora !

LÉONORA, *sortant à droite.*

Monsieur ?

LE BARON.

Tout est fermé chez vous ?

LÉONORA.

Oui, monsieur.

LE BARON.

Madame est au lit ?

LÉONORA.

Non, monsieur; elle pleure.

LE BARON.

Elle a raison. Couchez-vous.

LÉONORA.

Lorsque madame me le commandera. (Elle pousse la porte.)

LE BARON, poussant le verrou, prend son flambeau et se dirige vers sa chambre en disant :

Je te chasserai, toi! (Il rentre chez lui.)

LE COMTE, se débarrassant du rideau qui le cache.

Ah! enfin! (Il se dirige vers l'appartement de Gaetana, à gauche.) Il est parti!... Tout repose dans la maison... Gaetana est seule... et si elle m'aime... (Il ôte le verrou) elle me suivra!...

LE BARON, dans la coulisse.

A moi!... (Violent coup de sonnette.) A l'assassin! Je suis mort!

LE COMTE, revenant sur ses pas.

Mais on s'égorge ici! (Il court à droite, la porte s'ouvre, Birbone paraît, un poignard à la main.)

SCÈNE IV.

LE COMTE, dans l'obscurité; BIRBONE.

LE COMTE, courant à Birbone.

Qui es-tu?

BIRBONE.

Monsieur Pericoli!

LE COMTE.

Birbone!... Qu'as-tu fait?

BIRBONE, jetant son poignard.

J'ai réglé mes comptes!

LE COMTE.

Misérable! tu viens d'assassiner M. del Grido!

BIRBONE.

Vous n'y êtes plus pour rien, c'est une affaire personnelle. (Il court à la porte de gauche, et s'apprête à tirer le verrou.)

CARDILLO, dans la coulisse.

Monsieur le baron!

BIRBONE, repoussant le verrou.

Il n'y est pas! (Il court à la porte du fond. — Même jeu.)

LÉONORA, dans la coulisse.

Monsieur le baron!

BIRBONE.

Il est en voyage! (Au comte.) Pour Dieu! dites-moi par où l'on sort d'ici. (Il ouvre les volets et la fenêtre.) Une échelle de corde! Ah! monsieur le comte, voilà ce qui s'appelle une attention délicate!

LE COMTE, le saisissant par les épaules.

Je te tiens, misérable!

BIRBONE.

Merci! on vous en « fera des veuves[1]! » (Il se laisse couler jusqu'en bas de l'échelle, et disparaît.)

SCÈNE V.

LE COMTE, CARDILLO, DOMESTIQUES.

CARDILLO, entrant par la porte de gauche.

A l'assassin!

LE COMTE.

C'est Birbone! Mettez-vous à sa poursuite; il ne saurait être bien loin! (A Cardillo.) Tu connais son logement? (Les domestiques paraissent avec des flambeaux.)

CARDILLO.

Oui, monsieur le comte. (Aux domestiques.) Vous deux, courez à la villa Corinaldi!... Prenez les sbires qui sont en bas!

1. A la représentation Birbone dit : « On vous en rendra, des services! » Commission d'examen.

LE COMTE.

Avertissez le juge! amenez un médecin!

CARDILLO.

Oui, un juge, un médecin! (Les domestiques sortent par la gauche, deuxième plan.) Tous les médecins du pays! Ah! monsieur le comte! (Il tombe assis.) c'est le bon Dieu qui vous amène! Qu'est-ce que je serais devenu, pauvre moi! avec un mort sur les bras?

LE COMTE.

Mais es-tu sûr que le baron soit mort?

CARDILLO, se dirigeant vers la porte de Gaetana.

Ah! monsieur, est-ce que ces coquins-là manquent jamais leur coup?

LE COMTE.

Où vas-tu? Chut!... La baronne ne sait rien?

CARDILLO.

Elle dort, la pauvre chère dame! Quel réveil pour elle! Veuve, monsieur! avant d'avoir été mariée! J'avais bien dit à monsieur de se méfier de ce Birbone! « Le misérable était déjà à l'ouvrage. Ça grattait dans la chambre à coucher, ça parlait derrière la fenêtre; ça remuait de partout. Mais monsieur n'aurait pas entendu un coup de canon, tant il était aveuglé! Hélas! le poëte a bien raison de dire que rien ne saurait arrêter la pendule une fois que notre heure a sonné. Monsieur le comte m'excusera. (Il appelle deux domestiques.) Allez relever le corps, et couchez-le sur son lit, doucement, sans lui faire de mal. (Au comte.) Il a beau être mort! un homme comme lui, plus de trois fois millionnaire, ne doit pas coucher sur le parquet. Et les autres qui ne reviennent pas! La villa Corinaldi est pourtant tout près d'ici. » (Il s'approche de la fenêtre et ramasse le poignard de Birbone.) Tenez, monsieur, voilà l'instrument du crime: un stylet! « en acier! Ah! il y a des hommes bien féroces! » Et voici l'échelle de corde! (Il tire l'échelle à lui.) un véritable instrument de malfaiteur! Vous êtes témoin, monsieur le comte, qu'il s'est introduit ici par escalade! N'est-ce pas, que c'est prévu par la loi?

LE COMTE.

Oui.

CARDILLO crie par la fenêtre.

L'a-t-on pris ? (Il revient au comte.) Ils l'ont, monsieur le comte ! Ah ! scélérat ! je vais l'étrangler de mes propres mains ! (Il sort.)

SCÈNE VI[1].

LES MÊMES, MARTINOLI, SBIRES, puis CAPRICANA.

MARTINOLI, à la cantonade.

Vous le garderez à vue et vous le protégerez contre toute violence. (Au comte.) Monsieur le comte... (Ils se serrent la main.)

CARDILLO.

Justice, monsieur Martinoli !

MARTINOLI, sévèrement.

Taisez-vous. Vous parlerez quand on vous interrogera. (Avec bonté.) Attends, mon pauvre Cardillo ! (Aux personnes qui sont entrées avec lui.) Messieurs, je vous en prie, que personne n'entre ici. (Aux sbires.) Gardez la porte. (A Cardillo.) Le professeur Capricana est dans la chambre avec son interne. Allez lui demander si notre présence...

CARDILLO.

Le voici, monsieur Martinoli.

MARTINOLI.

Eh bien, docteur ?

CAPRICANA, branlant la tête.

Mauvais symptômes : les extrémités glacées; une syncope qui ressemble bien à la mort. (Au comte.) Bonsoir, cher comte. Mon élève est là qui s'exténue à le frictionner; mais je crois qu'il perdra sa peine. Et dire que nous avons déjeuné ensemble ce matin! (A Martinoli.) Notre whist de ce soir a été tristement interrompu. J'avais trois fiches. (Au comte.) Ah çà ! vous, comment étiez-vous ici ?

1. Les scènes 6, 7, 8 et 9 sont supprimées à la représentation.

MARTINOLI, vivement.

Docteur, allez donc voir si l'on n'a pas besoin de vos secours!

CAPRICANA.

J'y vole! Le devoir avant tout! (Il revient.) A propos, la baronne sait-elle?...

LE COMTE.

Non.

LÉONORA, dans la coulisse.

Monsieur le baron!

LE COMTE.

C'est Léonora!

MARTINOLI.

Silence!

LÉONORA.

Monsieur le baron!

CAPRICANA, courant à la porte.

Elle est enfermée! (Il tire le verrou.) Entrez, ma fille!

SCÈNE VII.

LES MÊMES, LÉONORA, puis CARDILLO.

LÉONORA, venant de droite.

Ah! mon Dieu! qu'est-il arrivé?

CAPRICANA.

Rien, mon enfant; nous sommes ici; nous passons la soirée... Ta maîtresse ne sait rien?

LÉONORA.

Il y a donc quelque chose? Madame n'est pas couchée; nous avons entendu du bruit, et, dame! la peur nous a prises.

MARTINOLI.

Rassurez votre maîtresse. Dites-lui...

CARDILLO, entrant de gauche.

Monsieur Martinoli! on vous demande en bas. Nous avons cru un instant que le misérable nous échappait.

MARTINOLI.

Pardon ! (Il sort, en courant, avec Cardillo, par la porte de gauche au fond.)

SCÈNE VIII.

LE COMTE, LÉONORA, CAPRICANA.

LÉONORA.

Quel misérable ? Qu'y a-t-il ? Instruisez-nous, au moins ! Il y a un instant, c'était un bruit à fendre la tête ; maintenant la maison est lugubre comme si l'on avait tué tout le monde... Monsieur Capricana ?

CAPRICANA.

Au fait, il faudra bien, tôt ou tard, qu'elle le sache. Ne te tourmente pas, mon enfant, ce n'est rien ; rassure ta maîtresse. Dis-lui qu'elle peut venir ici ; que j'ai à lui parler de choses sérieuses ; non, de choses indifférentes. Va, Léonora, fais vite.

LÉONORA.

Oui, monsieur le docteur. (Elle sort.)

SCÈNE IX.

LE COMTE, CAPRICANA.

LE COMTE.

Je vous laisse, mon ami.

CAPRICANA.

Pas du tout ! c'est moi qui vous laisse. J'ai affaire dans la chambre. Vous êtes un garçon d'esprit ; je suis un bonhomme tout rond ; vous saurez amener les choses en douceur ; moi, je commencerais par casser les vitres. Faites votre devoir, mon cher ; vous êtes l'ami de la maison. Mais, au fait, si je ne m'abuse, vous avez ici plus d'influence que moi. La mauvaise nouvelle deviendra presque bonne en passant par votre bouche.

LE COMTE.

Docteur !

CAPRICANA.

Ne faites pas le bon apôtre ! Vous serez plus tôt guéri de votre chagrin que le baron de sa syncope. Prenez une figure de circonstance. La porte s'ouvre ; adieu ! (Il sort.)

SCÈNE X.

LE COMTE, GAETANA.

GAETANA, dans la coulisse de droite.

Cardillo !

LE COMTE.

Elle !

GAETANA, entrant.

Que se passe-t-il donc ici, mon bon Cardillo ? (Apercevant le comte.) Gabriel !

LE COMTE.

Oui, Gaetana, c'est moi. Je ne m'attendais pas...

GAETANA.

Mais c'est de la folie ! Fuyez, malheureux !

LE COMTE.

Calmez-vous, madame, au nom du ciel !

GAETANA.

Il vous tuera !

LE COMTE.

Je n'ai rien à craindre de lui, malheureusement !

GAETANA.

Que dites-vous ?

LE COMTE.

Daignez m'entendre avec courage.

GAETANA.

Je suis brave, puisque je ne suis pas morte en vous trouvant ici.

LE COMTE.

Un grand malheur est arrivé cette nuit.

GAETANA.

Mon mari ?...

LE COMTE.

Il a été frappé dans sa maison par un malfaiteur!

GAETANA.

Ma place est à son chevet !

LE COMTE, vivement.

N'y allez pas!

GAETANA.

Mort ?

LE COMTE.

Oui... (Gaetana tombe assise. Long silence.) Je l'avais averti de son danger.

GAETANA.

Je le sais. (Elle pleure.)

LE COMTE.

Pleurez, Gaetana; les larmes soulagent le cœur.

GAETANA.

Il m'a tirée du couvent et de la pauvreté.

LE COMTE.

Il vous aimait.

GAETANA.

J'avais promis de le rendre heureux toute sa vie; je ne lui ai donné que des soucis.

LE COMTE.

Ne soyez pas si sévère à vous-même.

GAETANA.

Oh! j'ai été bien coupable envers lui!

LE COMTE.

Qu'avez-vous donc à vous reprocher?

GAETANA.

Aujourd'hui encore! Ce matin... devant vous!... Oh! Gabriel! Je me déteste pour le mal que nous lui avons fait. Toute une vie de larmes et de prières suffira-t-elle à réparer ?...

LE COMTE.

Dieu serait bien injuste, s'il ne pardonnait pas à la vertu même !

SCÈNE XI.

Les Mêmes, CARDILLO.

CARDILLO, entrant avec fracas par la porte de droite.

Il vit ! Il a repris connaissance ! Il m'a parlé !

GAETANA, se levant.

Il vit... je cours...

« LE COMTE.

« Allez, Gaetana ! c'est votre devoir !

« CARDILLO.

« Oh ! oui, madame ! Votre vue lui fera tant de bien ! — Elle « est déjà loin ! »

SCÈNE XII.

CARDILLO, LE COMTE.

CARDILLO.

Ah ! monsieur le comte ! C'est Dieu qui l'a permis ! Un vrai miracle, quoi !

LE COMTE.

Mais le docteur ?...

CARDILLO.

Les docteurs n'y entendent rien. C'est moi qui l'ai remis sur pied, ou plutôt... « vous allez dire que je radote... » c'est vous !

LE COMTE.

Moi ! comment ?

CARDILLO.

« Ah ! Laissez-moi ramasser mes idées ! On ne voit pas tous « les jours de ces choses-là. » Figurez-vous que j'étais dans la chambre avec « le jeune homme ; vous savez... l'apprenti méde- « cin. Il m'avait mis dans les mains un tampon de flanelle, et

« je frottais monsieur à tour de bras. Ah bien, oui! c'est comme « si j'avais voulu réchauffer un glaçon. Le docteur se promenait « de long en large en haussant les épaules et en prisant du tabac « comme s'il avait voulu se faire sauter la cervelle... Vous sau- « rez qu'il n'est pas fort, ce docteur-là! » Tout à coup, monsieur ouvre un œil languissant. Il demande où il est, ce qui est arrivé. Je lui réponds, je lui raconte l'infamie de ce Birbone, comment il s'est sauvé par la fenêtre, comment Dieu a permis que vous fussiez chez nous par hasard quand nous avions si bien fermé les portes. A votre nom, les yeux de M. le baron s'illuminent; il se lève de tout son corps. Ce n'était plus un malade, ce n'était plus un homme, c'était un Lazare ressuscité! Il nous reconnaît tous; la mémoire lui revient; il appelle sa femme, il demande le juge, il veut venir ici.

LE COMTE.

Mais la blessure?...

CARDILLO.

Ah! oui, la blessure!... Je ne vous l'ai donc pas dit?... C'était plus large que profond... Il avait des lettres plein sa poche... Là, sur son cœur, des lettres de son écriture. La Providence avait permis que M. le baron s'écrivît à lui-même!

LE COMTE.

Imbécile!...

CARDILLO, continuant.

Et c'est ce qui l'a sauvé.

LE COMTE.

C'est très-bien, Cardillo, vous êtes un bon serviteur. Prenez soin de votre maître. Quant à moi... (Il s'approche de la porte du fond; Cardillo passe à droite.)

SCÈNE XIII.

LE COMTE, CARDILLO, MARTINOLI, venant de gauche.

MARTINOLI, au comte.

Mon ami, vous ne pouvez pas sortir. Birbone va subir ici son premier interrogatoire; je vous demanderai en même temps votre déposition.

LE COMTE.

Entre nous, j'aimerais mieux me rendre demain à votre cabinet.

MARTINOLI.

Ne craignez rien. Nous sommes ici pour rechercher un meurtre, et non pour autre chose.

SCÈNE XIV.

LE COMTE, MARTINOLI, CARDILLO, BIRBONE, LE GREFFIER, SBIRES.

CARDILLO, courant à Birbone, qui a remonté la scène.

Ah! scélérat! coquin! misérable!

BIRBONE.

Monsieur le juge, ce rimeur me donne sur les nerfs. Vous plairait-il lui imposer silence?

CARDILLO.

Tenez, monsieur le juge, voici le poignard et l'échelle de corde!

MARTINOLI, tirant Cardillo à part.

Bien! Allez savoir de M. Capricana si la confrontation est possible.

CARDILLO.

Oui, monsieur le juge. Mais, au moins, condamnez-le bien, ce gibier de potence! (Il sort à gauche.)

SCÈNE XV.

LE COMTE, LE JUGE, BIRBONE, LE GREFFIER, SBIRES.

BIRBONE, à Cardillo.

Mille grâces! (A Martinoli.) Et maintenant, monsieur, faites-moi l'honneur de m'expliquer les procédés au moins bizarres de « la

« police[1]. » Un honnête homme, qui a satisfait à la loi, vient passer l'été à Castellamare; il espère échapper au tumulte de Naples, aux criailleries des cochers et des marchandes de poisson, se reposer l'esprit, se rafraîchir le sang et dormir la grasse matinée. Pas du tout! la force armée envahit son domicile, interrompt son sommeil, l'arrache de ses couvertures et le traîne par les rues au beau milieu de la nuit! Je croyais que « la police » était faite pour protéger le repos des citoyens!

MARTINOLI.

Assez!... Vous vous appelez Birbone? Vous avez vingt-cinq ans? Vous habitez la villa Corinaldi?

BIRBONE.

Où vos agents m'ont trouvé ronflant dans mon lit.

MARTINOLI.

Tout habillé!

BIRBONE.

Je ne dors jamais autrement... de peur des moustiques.

MARTINOLI.

Vous êtes accusé d'avoir frappé M. del Grido d'un coup de poignard.

BIRBONE.

C'est une injustice de la justice.

MARTINOLI.

Vous avez été condamné pour meurtre, il y a dix ans.

BIRBONE.

« J'étais mineur[2]. »

MARTINOLI.

Pour vol, il y a dix-huit mois.

BIRBONE.

C'est ce qui vous prouve mon innocence : on n'a rien pris chez M. del Grido.

1. *L'autorité.* Commission d'examen.

2. A la représentation Birbone dit : « Affaire de vendetta. » Commission d'examen.

MARTINOLI.

Comment le savez-vous?

BIRBONE.

Vous venez de me le dire. Je suis accusé de meurtre simple, j'en conclus qu'il n'y a pas eu de vol. « L'habitude des interro-« gatoires[1] ! »

MARTINOLI.

Assez!... Quel a été l'emploi de votre soirée?

BIRBONE.

Désagréable, depuis que ces messieurs m'ont éveillé en sursaut.

MARTINOLI.

Qu'avez-vous fait depuis le coucher du soleil jusqu'à l'heure où la police est entrée chez vous?

BIRBONE.

J'ai soupé chez le traiteur, médiocrement. Sur les neuf heures, j'ai pris une glace au café, excellente. Après quoi, je me suis promené sur la plage en compagnie de deux amis, fort honnêtes gens, ma foi, « et acquittés à plusieurs reprises par divers tri-« bunaux de la capitale[2]. » Ils m'ont reconduit chez moi, à dix heures un quart, « j'ai fait mes prières en bon chrétien[3], » et je me suis coulé dans mon lit.

MARTINOLI.

L'effronterie ne peut qu'aggraver votre position. On vous a pris sur le fait.

BIRBONE.

Qui?

LE COMTE.

Moi.

BIRBONE, allant au comte.

Oh! monsieur le comte! — Après ça, les honnêtes gens ont leurs idées à eux!... mais je récuse le témoignage.

1. *Oh! la logique!* Commission d'examen.
2. *Oh! je m'y connais!* Commission d'examen.
3. Commission d'examen.

MARTINOLI.

Pourquoi?

BIRBONE.

Parce que M. le comte ne peut pas, ne doit pas m'avoir vu. Je suis sûr que don Gabriel ne répétera pas devant le tribunal la parole qui vient de lui échapper.

LE COMTE.

Et si je la répétais?

BIRBONE, furieux.

Si vous osiez la répéter, je dirais... (se calmant) que la loi ne permet pas de condamner un homme sur la déposition d'un seul témoin.

MARTINOLI.

Et si nous en produisions un autre?

BIRBONE.

Quel autre?

MARTINOLI.

M. del Grido.

BIRBONE.

Il est trop loin d'ici pour venir à l'audience! (Le comte va au fond.)

SCÈNE XVI.

Les Mêmes, CARDILLO.

CARDILLO entre bruyamment.

Le voici! Il s'est mis sur pied, le cher homme! (A Birbone.) Ton compte est bon, toi!

BIRBONE, tombant sur une chaise.

Eh bien! il « peut se vanter d'avoir la vie dure [1]! »

MARTINOLI, à Birbone.

Vous vous asseyez!

1. *Il tenait à la vie!* Commission d'examen.

BIRBONE, fièrement.

C'est pour attendre. Si le baron était assez effronté pour accuser un innocent, je prouverais qu'il est mon ennemi depuis dix ans.

MARTINOLI.

On entendra vos moyens de défense.

CARDILLO.

Ah ! monsieur le baron !

SCÈNE XVII.

LES MÊMES, CAPRICANA, LE BARON, soutenu par le docteur et un domestique. La foule entre par la porte du fond.

CAPRICANA, au domestique qui soutient le baron.

Doucement, doucement ! ôte-toi de là, maladroit ! Tu le martyrises avec tes mouvements brutaux ! Cardillo ! un fauteuil !

CARDILLO, obéissant.

Voici, monsieur le docteur ! (Le baron se laisse aller dans son fauteuil comme un homme évanoui.)

CAPRICANA.

Laissez-lui le temps de se remettre. La blessure n'est pas mortelle... Dans six semaines ou deux mois, il n'y paraîtra plus.

CARDILLO, à Birbone.

Tu l'entends, scélérat !

« BIRBONE.

« Poëte, tu m'agaces ! »

LE BARON.

Je suis mieux. Merci, docteur. (A Martinoli.) Monsieur, je suis en état de vous écouter et de vous répondre.

BIRBONE, à ses gendarmes.

On a tort, on va le fatiguer.

MARTINOLI, cachant Birbone aux yeux du baron.

Monsieur le baron, la justice a quelquefois des exigences

cruelles, c'est que l'intérêt de la société doit passer avant tout. Vous avez la possession pleine et entière de vos facultés ?

LE BARON.

Oui, monsieur.

MARTINOLI.

C'est votre avis, monsieur le docteur ?

CAPRICANA.

J'en réponds.

BIRBONE, *à ses gendarmes.*

Il n'est pas compétent.

MARTINOLI.

Avez-vous pu distinguer les traits de l'homme qui vous a frappé ?

LE BARON.

Je suis entré dans ma chambre avec deux bougies allumées. L'homme qui m'attendait s'est retourné brusquement vers moi, et je l'ai vu face à face. Il aurait fallu que je fusse aveugle pour ne pas distinguer ses traits.

MARTINOLI.

Vous pourriez donc le reconnaître si nous le placions devant vous ? (*Il fait signe de faire approcher Birbone.*)

LE BARON, *avec douceur.*

Bonjour, Birbone. Approche, mon garçon. Tu es venu ce matin me demander un secours. Tu l'auras.

BIRBONE.

A qui diable en a-t-il ?

MARTINOLI.

Mais, monsieur le baron...

CAPRICANA.

Mais, cher ami...

CARDILLO.

Mais, monsieur...

LE COMTE.

Vous ne reconnaissez pas votre assassin ?

LE BARON.

Pardon, monsieur, je le reconnais parfaitement; c'est vous!

LE COMTE.

Moi?...

BIRBONE, à part.

Ah! scélérat! Je vois son jeu!

MARTINOLI.

Silence! (Au baron.) Monsieur, avez-vous bien compris la portée de vos paroles? c'est M. le comte Pericoli que vous accusez d'un assassinat?

CAPRICANA, à Martinoli.

Remettez l'affaire à demain. C'est un phénomène d'hallucination! Le cerveau est affaibli par la secousse!

LE BARON.

Mon corps est affaibli, docteur; mais l'esprit n'est pas malade, et j'affirme de nouveau ce que j'ai dit.

BIRBONE, s'avançant vers lui.

Je vous baise les mains, monsieur le baron. Vous êtes la bonté même, et la justice en personne!

MARTINOLI.

Silence! (Au baron.) Monsieur le baron, puisque vous avez le plein usage de toutes vos facultés, mon devoir est de vous rappeler le texte de la loi. Le témoin qui, dans un but d'intérêt ou de vengeance, accuse un innocent, encourt la peine des galères.

LE BARON.

J'affirme que voici l'homme qui m'a frappé.

LE COMTE, traversant et allant à Birbone.

Moi? (Birbone se recule. Au juge.) Moi?

LE BARON.

Mon intendant pourra vous dire qu'il l'a trouvé dans ce salon, quelques minutes après le crime. Or, nous avions fermé nous-mêmes toutes les portes de la maison.

CARDILLO, au comte.

Tiens! mais c'est vrai! Par où votre excellence était-elle entrée chez nous?

« CAPRICANA.

« Mais, mon ami, c'est impossible ! (Au comte.) Je suis désolé de « vous avoir retenu tout à l'heure.

« LE BARON.

« M. le comte Pericoli voulait s'enfuir ?

« CAPRICANA.

« Je ne dis pas cela ! Il s'en allait, simplement, et je l'ai retenu. »

LE COMTE.

L'accusation que monsieur (désignant le baron) a cru pouvoir lancer contre moi est si étrange et si invraisemblable, que je n'ai pas à m'en défendre. Tout le royaume sait de quel sang je suis né et quel homme j'ai toujours été.

MARTINOLI.

Bien ! (Au baron.) Monsieur le baron, maintenez-vous votre déposition contre don Gabriel ?

LE BARON, d'une voix ferme.

Oui, monsieur. (Entre Gaetana.)

MARTINOLI.

Cela étant, je me vois obligé, à mon grand regret, mais à vos risques et périls, de mettre en état d'arrestation M. le comte Pericoli.

SCÈNE XVIII.

LES MÊMES, GAETANA.

GAETANA, venant de gauche.

Don Gabriel !... Je rêve... De quel crime est-il accusé ?

MARTINOLI.

Du crime d'assassinat sur la personne de votre mari.

GAETANA.

Gabriel, un assassin !... Qui donc a dit cela ?

LE BARON, se levant.

Moi !

GAETANA, reculant.

Vous!... vous!... Dieu! que c'est mal! Vous le haïssez donc bien, que vous ne craignez pas de mentir contre lui?

LE BARON.

Je ne mens pas... Taisez-vous!

GAETANA.

Oh! monsieur!... Mais vous, Gabriel, qu'avez-vous répondu?

LE COMTE.

Rien, madame.

GAETANA, passant à gauche du juge.

Mais je parlerai, moi!... et M. Martinoli m'écoutera. Je dirai que ce matin vous êtes venu chez nous, noblement, pour l'avertir de son danger. (A Martinoli.) Oui, monsieur... et, pour tout remercîment, le baron l'a insulté, provoqué, menacé de sa vengeance! La vengeance... la voici!

LE BARON.

La vérité, madame, est que toutes les portes de la maison étant fermées, cet homme a été trouvé seul ici, avec un poignard et une échelle de corde.

GAETANA, allant à son mari.

Eh! vous savez bien pourquoi il est venu!

LE BARON, bas.

Pourquoi?... Dites-le, si vous l'osez.

GAETANA.

Il est venu, parce qu'il m'aime, messieurs... et moi... je l'aime aussi! (Le baron tombe assis.)

BIRBONE.

Morbleu! c'est beau, les femmes! c'est plus brave qu'un régiment!

LE COMTE.

Pardonnez-moi, madame! Tout criminel que je suis, je ne suis pas encore assez lâche pour me sauver à vos dépens.

BIRBONE.

Allons, bon! A l'autre, maintenant,

LE COMTE.

C'est moi qui ai frappé M. le baron del Grido.

GAETANA.

Vous mentez ! Il ment !

LE COMTE.

Je ne vous aime pas. Toute la ville, grâce à Dieu, connaît ma maîtresse. C'est la Rosita, du théâtre Saint-Charles.

GAETANA.

Gabriel ! Gabriel !...

« MARTINOLI.

« La Rosita n'a rien à faire ici, monsieur le comte : vous vous « accusez d'un crime invraisemblable, et vous seriez dans un « grand embarras si l'on vous mettait en demeure de le prou- « ver. »

« LE COMTE, fièrement.

« Ah ! vous voulez des preuves ! en voici : l'échelle dont je me « suis servi est une échelle de vingt-cinq pieds de long et du « prix de trois écus. Je l'ai achetée moi-même, aujourd'hui, à « quatre heures, chez Lagorio, rue de Tolède. Faites citer le « marchand, il vous dira si j'ai menti. »

BIRBONE, bas, au comte.

Mais malheureux ! vous savez qu'il y va de la vie !

LE COMTE.

L'honneur d'une femme est plus précieux que la vie d'un homme.

MARTINOLI.

Sauriez-vous aussi bien nous dire où et quand vous vous êtes procuré le poignard ?

LE COMTE, embarrassé.

Il y a plus longtemps...

BIRBONE le souffle.

Huit jours.

LE COMTE.

Je l'ai acheté il y a huit jours.

BIRBONE, soufflant.

Fait acheter.

LE COMTE.

Non pas moi-même, ce qui aurait été une imprudence, mais par l'intermédiaire d'un paysan.

MARTINOLI.

Où?

BIRBONE, soufflant.

Ici.

LE COMTE.

Chez le seul coutelier de Castellamare. Ne me demandez pas le prix : j'ai donné à l'homme une pièce d'or en lui disant de tout garder. Habitude de joueur!

BIRBONE, agité.

Non, je ne souffrirai pas... A mon tour! Je demande la parole! (Il court au juge.)

MARTINOLI.

Parlez !

GAETANA.

Parlez, Birbone, parlez! (Le baron se lève et le regarde en face.)

BIRBONE, après un instant de réflexion.

Au fait, l'homme n'est pas mort; madame n'est pas encore veuve... « Gendarmes, [1] » emmenez l'accusé!

1. *Messieurs les sbires.* Commission d'examen.

FIN DU TROISIÈME ACTE.

ACTE QUATRIÈME

Un salon dans le palais del Grido, à Naples. — Cheminée à pans coupés, à droite. — Croisée avec rideaux au premier plan, à droite. — Grande porte au fond. — Portes aux premier et deuxième plans de gauche. — Table à droite, en face de la fenêtre. — Deux lampes allumées sur la cheminée.

SCÈNE PREMIÈRE.

LE BARON, LÉONORA.

LÉONORA, adossée à l'une des deux portes de gauche.

Madame n'y est pas pour monsieur le baron.

LE BARON.

Voilà trois semaines que cela dure. Présente mes compliments à ta maîtresse. Dis-lui que je lui souhaite des rêves heureux et un réveil agréable.

LÉONORA.

Ah ! monsieur! avez-vous le cœur de parler de la sorte? Cette nuit!

LE BARON, désignant les fenêtres de droite.

A-t-elle vu ce qu'on prépare là pour demain matin?

LÉONORA.

Je l'ai éloignée d'ici et j'ai fermé les rideaux. Elle croit encore que don Gabriel s'est pourvu en cassation ou que le roi lui fera grâce. Si elle avait vu l'horrible machine qu'ils dressent là, elle serait morte.

LE BARON.

Bah! les femmes ont la vie plus dure qu'on ne croit.

LÉONORA.

Si monsieur savait comme madame est souffrante, il ne serait peut-être pas si cruel.

LE BARON.

Je ne suis pas cruel. J'ai pleuré à l'audience, tout le monde l'a vu. J'ai fait mieux encore, j'ai recommandé ce malheureux à l'indulgence du tribunal. (Il s'assied.)

LÉONORA.

Il aurait mieux valu ne pas le dénoncer. Car enfin, c'est votre témoignage qui l'a perdu.

LE BARON.

C'est plutôt le sien, puisqu'il a confessé le crime.

LÉONORA.

Il y en a qui disent qu'il a avoué le crime sans l'avoir commis, et tout cela pour sauver la réputation de madame.

LE BARON, haussant les épaules.

Il me semble que tu t'intéresses beaucoup à ce malfaiteur.

LÉONORA.

Eh! monsieur, qui ne le plaindrait pas? mourir à trente-deux ans!

LE BARON.

C'est la moyenne de la vie humaine.

LÉONORA.

Et si bon! si brave! si généreux! On dit que le juge avait les larmes aux yeux en prononçant la sentence.

LE BARON.

C'est ta maîtresse qui t'a conté cela? Elle en parle souvent, n'est-il pas vrai?

LÉONORA.

Madame? Elle ne l'a pas seulement nommé une fois. Depuis trois semaines que la pauvre âme vit renfermée dans son appartement, elle n'a guère causé qu'avec le bon Dieu. Lorsque j'entre chez elle, le matin, je la trouve en prière. Le soir, elle me renvoie pour prier tout à son aise; je reviens vers minuit pour savoir si elle n'a besoin de rien; et, à travers le trou de la serrure, je la vois à genoux, immobile et tout en larmes.

LE BARON, se levant.

Ah! ah! Et quand elle se croit seule avec Dieu, ne l'as-tu jamais entendue demander pardon de quelque chose?

LÉONORA.

De quoi s'accuserait-elle, la pauvre brebis sans tache?

LE BARON.

Et depuis quand les femmes de bien ferment-elles obstinément leur porte à leur mari?

LÉONORA.

Dame, monsieur le baron, je ne sais pas. C'est peut-être depuis que les maris font couper des têtes devant leur palais.

LE BARON.

Assez! Vous êtes une sotte et une impertinente. (On sonne.) Rentrez chez votre maîtresse qui vous appelle; et, si le spectacle de demain lui donne trop sur les nerfs, faites appeler le docteur! (Il sort par le fond. — Gaetana entre par la gauche.)

SCÈNE II.

LÉONORA, GAETANA.

GAETANA, pâle et affaiblie.

Tu es seule? Avec qui parlais-tu?

LÉONORA.

Avec M. le baron, madame. Il sort d'ici.

GAETANA, se jetant dans un fauteuil.

Ah! J'avais cru reconnaître la voix de M. Martinoli.

LÉONORA.

Est-ce que madame l'attendait?

GAETANA.

Oui, je lui avais écrit après le jugement, et j'espérais au moins une réponse...

LÉONORA.

Il répondra, madame. D'ailleurs, rien ne presse... nous avons le temps.

GAETANA, avec doute.

Tu crois? Et Birbone? A-t-on de ses nouvelles?

LÉONORA.

Birbone est loin de Naples, j'en ai peur. Depuis le jour fatal, personne ne l'a vu.

GAETANA.

Allons! encore une espérance évanouie. (Se levant.) Je comptais sur un bon mouvement... Il m'avait promis... juré... N'y pensons plus. Il n'y a rien de nouveau, Léonora?

LÉONORA, vivement.

Non, madame; rien de nouveau, je vous assure!

GAETANA.

Comme tu as dit cela!

LÉONORA, allant à Gaetana.

Madame devrait rentrer chez elle.

GAETANA.

Non, je suis mieux ici. Dans ma chambre, j'étouffe. Quelque chose tremble en dedans de moi. Il me semble que mon cœur est suspendu au bout d'un fil.

LÉONORA.

Si madame essayait de dormir?

GAETANA.

J'y ai renoncé depuis longtemps. (S'asseyant.) Le sommeil est pire que la veille. Le jour, je crains, je souffre, je pleure. Mais, si par malheur je ferme les yeux, c'est bien pis : je vois!

LÉONORA.

Pauvre madame!

GAETANA.

Mais rassure-moi donc! Dis-moi que les juges reviendront de leur erreur; que le roi fera grâce. Parle-moi!

LÉONORA.

Oui, madame. Il ne faut pas vous tourmenter. Je vous promets qu'il n'arrivera rien. Je vous assure que le roi... que don Gabriel... ou peut-être même que les juges... Mais madame ne m'écoute point.

GAETANA.

Non ! j'écoute là-bas. (Montrant la fenêtre de droite.) Tu n'as rien entendu, toi ?

LÉONORA, vivement.

Rien, madame. Mais madame serait mieux dans son appartement. Les bruits du dehors n'y arrivent pas, et si madame...

GAETANA.

Tais-toi ! Ces coups sourds qui retentissent à intervalles égaux ont quelque chose de sinistre. (Se levant et descendant à gauche.) Ce n'est pourtant pas dans le palais qu'on frappe ainsi !

LÉONORA, allant à Gaetana.

Non, madame, ce n'est pas dans le palais... C'est... je ne sais où... dans le voisinage.

GAETANA.

Sur la place, peut-être ? Mais qui donc à Naples peut travailler après minuit ?

LÉONORA, troublée.

Je ne sais, madame, mais ce n'est rien, assurément. Il ne faut pas que madame s'inquiète. Et tenez, madame, le bruit a cessé ! (Nouveaux coups dans la coulisse.)

GAETANA.

Non.

LÉONORA, se plaçant devant elle.

Madame !

GAETANA.

Tu me caches quelque chose !

LÉONORA.

Bonne et chère madame !

GAETANA.

Je veux !...

LÉONORA veut retenir Gaetana.

Au nom du ciel, ne regardez pas !

GAETANA, courant à la fenêtre.

Je verrai malgré toi ! (Elle pousse un cri.) Ah ! (Elle se jette à la renverse sur la table ; puis, soutenue par Léonora, elle tombe sur un fauteuil.)

LÉONORA.

Madame ! je vous en prie ! tout n'est pas désespéré ! Nous avons encore au moins quatre heures. Prenez courage ! On peut le sauver ! Pour Dieu, madame, ne vous laissez pas mourir ! Qu'est-ce qu'il deviendra, si vous l'abandonnez ? (On frappe. Courant à la porte du fond.) Qui est là ?

MARTINOLI.

Moi.

LÉONORA.

Quel bonheur ! Madame, M. Martinoli ! (Léonora ouvre ; entre Martinoli.)

SCÈNE III.

LES MÊMES, MARTINOLI.

GAETANA, allant à lui.

Parlez ! je sais tout. Est-il encore de l'espoir ?

MARTINOLI.

Oui.

GAETANA.

Vous êtes un dieu sauveur !

MARTINOLI.

Tout dépend de vous ! C'est-à-dire du baron. Gabriel a refusé de se pourvoir, mais toute la noblesse de Naples s'est jetée aux pieds du roi.

GAETANA.

Eh bien ?

MARTINOLI.

Les moments sont précieux ; vous avez du courage, je ne dois rien vous cacher. Le roi s'est montré plus que sévère. « On pourrait pardonner le crime, a-t-il dit ; mais un gentilhomme qui assassine son ennemi à la veille d'un duel est indigne de notre clémence. »

GAETANA.

Mais il est innocent!

MARTINOLI.

Eh! pauvre enfant, je le sais bien! Mais ce n'est pas de cela qu'il s'agit, puisque la justice a prononcé. A force d'importunités, on a fléchi le roi. Il accordera la grâce.

GAETANA, avec explosion.

Ah!

MARTINOLI.

Il accordera la grâce; mais à cette condition expresse que M. le baron del Grido la demandera lui-même.

GAETANA s'assied.

Nous sommes perdus!

MARTINOLI.

Non! si vous êtes femme! Je livre tout entre vos mains. J'ai préparé, d'accord avec tous les amis du comte, la pétition qu'il faut remettre au roi. Il n'y manque que la signature de votre mari. Vous avez une heure à vous; vous aimez le comte Pericoli... Agissez!...

GAETANA, se lève.

Mais qu'attendez-vous de moi?

MARTINOLI.

Un de ces miracles qui attestent l'héroïsme de la femme. M. del Grido vous aime et vous pouvez tout sur lui... si vous voulez. (Gaetana baisse la tête, tend la main à Martinoli, qui lui glisse le papier dans les mains.) J'attendrai de vos nouvelles chez moi. Faites en sorte qu'il ignore ma visite.

GAETANA, avec amertume.

Oui!...

MARTINOLI, lui serrant la main.

Pauvre enfant! (Il sort.)

SCÈNE IV.

GAETANA, LÉONORA.

GAETANA, à Léonora.

Léonora ! fais dire à M. le baron que je serai heureuse de le recevoir ici. (Léonora va à la porte de gauche et parle à voix basse à Cardillo, qui traverse le théâtre et sort par le fond.)

LÉONORA.

Pauvre chère madame !

GAETANA.

Ne pleure pas ! est-ce que je pleure, moi ? Donne-moi ce miroir ! Je suis bien laide, n'est-ce pas ? La douleur et les veilles ont rougi mes yeux. Comment me trouves-tu ?

LÉONORA.

Belle comme la vertu, madame.

GAETANA.

Ne parle pas de vertu ! je suis une malheureuse ! Le voici ! Chasse-le ! Je ne veux pas le voir !... Je m'étais trompée ! ce n'est pas encore lui !... Et pourtant je ne peux pas laisser ce malheureux mourir pour moi... Que ferais-tu ? Conseille-moi... Je ne sais que devenir.

LÉONORA.

Madame, on a frappé !

GAETANA.

Ouvre-lui !... Attends ! (Elle court à la fenêtre et regarde l'échafaud en face.)

LÉONORA, avec effroi, courant à elle.

Madame !... que faites-vous ?...

GAETANA.

Je prends du courage ! (Léonora va ouvrir. Entre le baron.) Va, laisse-nous, mon enfant !

SCÈNE V.

GAETANA, *sur le devant*, LÉONORA ET LE BARON, *dans le fond*.

LE BARON, *à demi-voix, à Léonora.*

Y a-t-il longtemps que le juge est sorti ?

LÉONORA, *avec embarras.*

Mais, monsieur...

LE BARON.

Y a-t-il longtemps que le juge est sorti ?

LÉONORA.

Non, monsieur le baron, il n'y a qu'un instant... Mais... pourquoi ?

LE BARON.

Pour savoir s'il était venu. Va-t'en ! (*Elle sort à gauche.*)

SCÈNE VI.

LE BARON, GAETANA.

LE BARON.

Est-ce bien vous, madame, qui m'avez fait appeler ?

GAETANA.

Oui, monsieur...

LE BARON.

En vérité ? Je ne m'attendais pas...

GAETANA.

Asseyez-vous... j'ai à vous parler sérieusement.

LE BARON.

Ah !

GAETANA.

Bien des choses se sont mises entre nous. Des événements imprévus, des accidents terribles nous ont séparés. On vous a cru mort, et je vous ai pleuré de toute mon âme. Vous avez longtemps souffert, et je vous ai soigné tendrement. Voici de meilleurs jours qui commencent. Vous plaît-il que nous soyons heureux ensemble, comme si le passé n'avait été qu'un rêve?

LE BARON.

Pardonnez-moi si je ne vous comprends pas aux premiers mots; mais ce langage est si nouveau, que je n'en crois pas mes oreilles. Ne venez-vous pas de dire que vous étiez disposée à m'aimer?

GAETANA.

Oui, monsieur, je vous aimerai; je ferai tous mes efforts pour vous rendre heureux. Ne hochez pas la tête en signe de doute. Je suis une bonne petite fille; j'ai l'ambition de devenir à vos yeux la meilleure des femmes. Et, pour commencer, cette Gaëtana, qui, depuis votre guérison, vous a méchamment fermé sa porte, vient à vous repentante et soumise. Monsieur le baron del Grido, mon cher mari, ne me repoussez pas!

LE BARON, lui tendant la main.

A la bonne heure! (Elle s'assied.) Voilà comme une femme doit être avec son mari.

GAETANA.

Vous êtes bon! vous me pardonnez?

LE BARON.

Oui, je vous pardonnerai de bien bon cœur, si vous comprenez toute la gravité de vos fautes.

GAETANA.

Je n'ai pas commis de grandes fautes; cependant je suis coupable, puisque je vous ai fait de la peine. Oubliez le passé comme moi, qui ai noyé tous mes souvenirs dans les larmes.

LE BARON.

Tous?

GAETANA.

Oui, monsieur. Je ne me rappelle rien, sinon que Dieu m'a donnée à vous pour vous obéir en toutes choses et vous aimer de toutes mes forces. Pardonnez-moi!

LE BARON.

Tête folle! il est impossible de garder rancune à ces yeux-là!

GAETANA.

Ainsi, vous me pardonnez?

LE BARON, souriant.

Bientôt, demain!

GAETANA.

Je voudrais ma grâce aujourd'hui.

LE BARON.

Méchante enfant! tu m'as fait bien du mal, tu m'en feras encore. Je ne conseillerai jamais à un homme de mon âge de mettre à son chevet un ange aussi terrible que toi. Mais tu es si belle et si séduisante, que ma colère s'évanouit à la douce lumière de tes yeux. Je te pardonne.

GAETANA, lui passant les bras autour du cou.

Merci, monsieur. Je vous bénis, et toute la ville vous bénira.

LE BARON.

Pourquoi toute la ville? Notre bonheur a-t-il besoin d'être publié?

GAETANA.

Non, mais c'est qu'après avoir fait grâce à une coupable comme moi, vous ne pouvez pas refuser de sauver un innocent.

LE BARON, très-froid.

Quel innocent?

GAETANA.

Je ne sais plus son nom.

LE BARON se lève furieux.

Vous mentez! vous l'aimez encore!

GAETANA, le ramenant vers elle

Quelle folie! voilà vos imaginations qui reprennent le dessus. Je vous jure, monsieur, que je ne pense plus à lui, sinon pour le plaindre. Dès qu'il ne sera plus à plaindre, je n'y penserai plus du tout. Au nom de ce bonheur que je vous promets et que je vous donnerai, sauvez-le! vous le pouvez, il en est temps encore.

LE BARON.

Parlons de nous! Vous m'aimez, Gaetana?

GAETANA.

Oui, monsieur, je vous aime!... parce que vous êtes bon.

LE BARON.

Merci! je suis bon... mais juste.

GAETANA.

Je vous aime, parce que vous êtes bon et juste, et incapable de faire le mal.

LE BARON.

Parlons de nous.

GAETANA.

Je vous aime, parce que vous avez l'âme ouverte à tous les sentiments généreux.

LE BARON.

Ne me regarde pas ainsi! je croirais à la fin que tu ne mens pas et que tu m'aimes en effet.

GAETANA.

Eh bien, oui, je vous aime! je suis votre femme! une pauvre petite créature à vous!

LE BARON, *la prenant dans ses bras.*

S'il était vrai!... Si le feu secret qui me dévore avait enfin échauffé ta froideur et ton indifférence; si ton cœur endormi s'était éveillé a la prière frémissante de ma voix qui tremble! *(Saisissant le papier qu'elle avait mis dans son corsage.)* Quel est donc ce papier que vous cachiez là?

GAETANA.

Monsieur! je vous en prie! C'est la grâce de ce malheureux

LE BARON, *se levant.*

Ah! ah! ah! vieille bête que je suis!...

GAETANA.

Le roi lui pardonnera si vous le voulez. Il ne faut plus que votre signature, et je vous la demande à genoux! Ne me la refusez pas si vous m'aimez, et je consacrerai toute ma vie à vous récompenser d'un tel bienfait. Je ne le reverrai plus. Le roi l'enverra en exil. Je ne serai qu'à vous, je ne penserai qu'à vous, j'oublierai tout ce qui n'est pas vous !

LE BARON.

On n'oublie sincèrement que les morts. (*Il déchire le papier.*)

GAETANA, *se levant avec fureur.*

Mais croyez-vous que tout le monde les oublie ? Croyez-vous que le faux témoin qui a, de propos délibéré, envoyé un innocent à l'échafaud efface un tel souvenir de sa mémoire ? Êtes-vous sûr qu'il vous suffira de penser à autre chose ? On dit, monsieur le baron, que les criminels ont des remords.

LE BARON.

Je n'aurai jamais de remords, parce que je n'ai rien fait que de juste. J'ai parlé devant le tribunal comme je devais parler; les juges ont achevé l'ouvrage.

GAETANA.

Essayez donc de me persuader, à moi, qu'il était coupable, et que c'est la vérité qui vous force à le faire mourir !

LE BARON.

Eh bien, non, ce n'est pas dans l'intérêt de la justice que j'ai fait condamner... ce gentilhomme ! c'est pour sauver une chose au moins aussi sainte : l'honneur ! Un homme m'offense dans ce qu'il y a de plus délicat, de plus sacré, de plus inviolable. J'avais le droit de le poignarder dans ma maison, la justice n'aurait eu rien à dire. Je pouvais lui casser la tête en duel, sous les yeux de quatre témoins; le monde m'aurait approuvé. J'aime mieux la place publique et le fer du bourreau; n'ai-je pas le choix des armes? Il faut que cet homme soit un assassin pris sur le fait, pour que personne ne puisse supposer qu'il était votre amant. Mais les femmes n'entendent rien à ces sortes de choses. Elles ont de la vertu, quelquefois. A nous seuls appartient l'honneur !

GAETANA.

Gardez-le donc pour vous seul, cet honneur infâme ! Car vous l'avez avoué, Gabriel est innocent, Gabriel n'a rien fait pour vous donner la mort; Gabriel a les mains pures; il n'y a dans Naples qu'un assassin : vous !

LE BARON.

Et tu venais t'offrir à moi, femme noble entre toutes les courtisanes !

GAETANA.

Oui, j'avais fait le sacrifice de mon bonheur et de ma dignité. Mais votre infamie élève entre nous une barrière infranchissable, et je ne passerai pas ma vie avec le pourvoyeur du bourreau ! (Elle va vers la porte de son appartement.)

LE BARON.

Où donc comptez-vous vivre, s'il vous plaît ?

GAETANA.

Je compte mourir à la même heure que lui ! (Elle sort par la gauche. — Birbone entre par la droite [1].)

SCÈNE VII.

LE BARON, BIRBONE.

BIRBONE, la regardant sortir.

Brave petit cœur de femme !

LE BARON, courant au timbre.

Je te préviens que tout le monde est sur pied dans la maison.

BIRBONE.

Tiens ! je ne suis donc plus votre ami ?

LE BARON.

N'avance pas, ou je sonne !

BIRBONE.

Sonnez vos gens, si vous voulez qu'on nous entende, et si vous n'avez point de secret à garder.

1. Les hurlements du public ont accompagné cette scène d'un bout à l'autre.

LE BARON.

C'est bien... Assieds-toi... là-bas. (Il prend un revolver dans un tiroir.)

BIRBONE.

Ce n'est pas de jeu; je suis sans armes!

LE BARON.

Par où es-tu entré, coquin?

BIRBONE.

Par la porte, baron. Est-ce que je n'ai pas dans cette poche toutes les clefs du royaume!

LE BARON.

Qu'as-tu à me dire? (Il s'assied.)

BIRBONE.

Une bonne action à vous proposer.

LE BARON.

Toi?

BIRBONE.

Nos anciens comptes sont réglés à notre satisfaction réciproque.

LE BARON.

Comment?

BIRBONE.

Vous m'avez cassé le bras, il y a dix ans, quand j'étais petit...

LE BARON.

Moi, je?...

BIRBONE.

Mais oui! Vous savez bien... le foulard des Indes, le dernier de la douzaine!... Ah! vous n'y allez pas de main morte quand on vous prend vos foulards!

LE BARON.

Comment! c'est toi?

BIRBONE.

Sans cela, je ne me pardonnerais pas le coup de stylet dont je vous ai récompensé... Mon bras droit s'est vengé comme il a pu! Si le résultat n'a pas été aussi satisfaisant qu'on pouvait le désirer, le hasard seul en est coupable. Enfin! vous avez passé six semaines au lit... l'honneur est satisfait!

LE BARON, se levant et allant à Birbone.

Alors, que viens-tu faire ici?

BIRBONE, avec majesté.

Vous offrir le moyen de rentrer dans mon estime.

LE BARON.

Drôle!

BIRBONE.

Vous pensez bien qu'il s'agit encore du comte Pericoli. Madame la baronne vous a demandé sa grâce, et vous l'avez refusée un peu durement. Je serai plus heureux. J'y compte.

LE BARON.

Assez! N'oublie pas que j'ai sauvé ta tête, et que je pouvais d'un seul mot...

BIRBONE.

Oh! je connais mes droits... Oui, c'est moi qui devais mourir ce matin, et vous avez ménagé un tour de faveur à don Gabriel... Mais le meilleur serait de ne tuer personne. (Ramassant les fragments du papier.) Voici notre demande en grâce, les morceaux en sont bons... Recopiez-moi ça de votre plus belle écriture... et signez!

LE BARON.

Moi?

BIRBONE.

Je porterai la lettre à « notre [1] » ami le juge Martinoli, qui l'attend.

LE BARON.

Ah çà! me diras-tu quel intérêt te pousse à sauver le comte Pericoli?

BIRBONE.

Quel intérêt? Il aime votre femme et il en est aimé.

LE BARON, déchirant les morceaux de la lettre.

Assez plaisanté, mon drôle! va-t'en!

1. *Votre.* Commission d'examen.

BIRBONE, se dirigeant vers le fond.

Prenez garde! vous ne savez pas où j'irai si je m'en vais.

LE BARON.

Où donc?

BIRBONE.

Me dénoncer au juge et sauver don Gabriel.

LE BARON.

Toi? Tu n'es pas assez fou pour solliciter sa place.

BIRBONE.

Pardon! Ma peine serait commuée en faveur de l'aveu sincère. D'ailleurs, le roi sait bien que j'ai trente mille bons amis dans le peuple; car je suis du peuple, moi! Né sous un simple réverbère, monsieur le baron, tous les réverbères de Naples se casseraient plutôt que de me laisser mourir[1].

LE BARON.

Et quand le roi daignerait commuer ta peine, tu n'en serais pas quitte à moins de dix ans de galères.

BIRBONE.

Vous l'avez dit! « Nous comptons sur dix ans[2]! » Mais les galères de Naples n'ont rien de mélancolique. On se promène dans la ville, avec un « beau gendarme[3] » à sa suite. A-t-on une course à faire; on prend une voiture de louage et l'on s'installe commodément sur les coussins, tandis que le « gendarme » grimpe sur le siége du cocher. A-t-on soif; on se fait servir une glace au café de l'Europe, et le « gendarme » gobe les mouches à la porte. Je vous assure, excellence, que la chose a son côté plaisant. Du reste, vous en jugerez par vous-même.

LE BARON.

Tu dis?

BIRBONE, s'avançant.

Je dis que tu en jugeras par toi-même. Car, enfin, il m'est permis de te tutoyer. Nous sommes complices.

1. C'est ici que j'ai insulté le peuple, et provoqué les justes réclamations de quelques concierges payés et abreuvés par leurs locataires.

2. Coupé par la commission d'examen.

3. *Sbire majestueux.* Commission d'examen.

LE BARON.

Holà! maraud!

BIRBONE, reculant un peu.

Maraud, soit! Mais, si j'obtiens dix ans pour tentative d'assassinat, Ton Excellence en aura bien quatre ou cinq pour faux témoignage. Déclaration mensongère devant M. le juge d'instruction! déposition calomnieuse en audience publique, sous la foi du serment, devant toute la ville de Naples! Comprenez-vous maintenant pourquoi j'ai fait le mort pendant près de deux mois? Je voulais vous laisser le loisir de vous enferrer jusqu'à la garde. C'est fait!

LE BARON

Je comprends. Combien veux-tu?

BIRBONE.

Je veux que vous alliez aux galères en qualité de forçat. Je veux, un jour que nous nous promènerons ensemble, la chaîne au pied, sur la route du Pausilippe, vous montrer don Gabriel et madame Gaetana assis l'un près de l'autre, et la main dans la main, au fond d'une jolie voiture.

LE BARON.

Ce n'est pas cela que tu veux; c'est vingt mille ducats : je te les donnerai.

BIRBONE.

Non, non, non!

LE BARON.

Trente! (Birbone hoche la tête.) Quarante! Cinquante!

BIRBONE, ramassant les morceaux de papier.

Ne vous égarez pas dans les chiffres. Donnez-moi plutôt l'autographe que je vous ai demandé.

LE BARON.

Jamais!

BIRBONE.

Une fois, deux fois, trois fois?

LE BARON.

Trois fois non! cent fois non! mille fois non!

BIRBONE.

Adieu! le boulet que vous traînerez au pied est fondu.

LE BARON, lui barrant le passage.

Prends garde!

BIRBONE.

Vous n'avez pas la prétention de m'intimider, peut-être? J'ai passé ma vie dans le mal et je n'ai jamais eu peur. Je ne commencerai pas, aujourd'hui qu'il se présente une occasion de faire le bien. Ah! je comprends votre dépit; voici le jour qui se lève. (Il ouvre les rideaux.) La foule se rassemble, l'heure approche; votre vengeance est un fruit mûr, excellent à cueillir, délicieux à savourer; et c'est moi, Birbone, qui vous dis : N'y touchez pas! (Il s'avance vers la porte du fond.)

LE BARON lui coupe la retraite et lui parle en le poursuivant.

Sais-tu, drôle, que tu viens de t'introduire nuitamment dans mon domicile?

BIRBONE.

Ce n'est pas la première fois.

LE BARON.

Sais-tu que tu as ouvert ma porte avec une fausse clef, que le flagrant délit est constant... que?...

BIRBONE.

Allons chercher les magistrats, nous ferons d'une pierre deux coups.

LE BARON.

Sais-tu qu'il est imprudent de pousser un homme à la dernière extrémité lorsqu'on a son secret, qu'on est chez lui, et qu'il peut, en appuyant son doigt sur un ressort...

BIRBONE, fuyant.

Ah! monsieur le baron, je suis sans armes!

LE BARON, poursuivant.

Tant mieux! traître! ton secret va mourir avec toi!

BIRBONE.

J'en appelle! (Il court au timbre et sonne très-fort; la porte de gauche s'ouvre, Cardillo paraît avec deux domestiques. Le baron s'arrête.)

SCÈNE VIII.

LES MÊMES; CARDILLO.

CARDILLO.

Monsieur le baron a sonné?

LE BARON, troublé.

Moi? Je... sortez!

BIRBONE.

Oui, monsieur le baron, je sors. Cardillo n'aura pas besoin de me jeter à la porte. (Il s'avance vers le fond.)

SCÈNE IX.

LES MÊMES; GAETANA, entrant par la gauche.

GAETANA, apercevant Birbone.

Birbone!

BIRBONE

Moi, madame, qui viens dénoncer le vrai coupable et sauver tout le monde. (Au baron.) Excepté vous!

GAETANA.

Mais cours donc, « jette-toi dans cette foule, arrête les bourreaux, écarte les soldats, » livre-toi, sauve-le! Va, mon ami, va mourir pour Gabriel!

BIRBONE, s'éloignant.

C'est un peu égoïste, l'amour, mais c'est joliment beau! (Il sort.)

GAETANA, au baron.

Votre infamie retombe sur votre tête. Il vous perd, il le sauve!

LE BARON lui saisit le bras, et montrant la fenêtre.

Il arrivera trop tard!

FIN DU QUATRIÈME ACTE.

ACTE CINQUIÈME

Une partie du parc du baron à Castellamare, donnant sur le golfe de Naples. Rivage au fond. Une terrasse avec un escalier descendant à la mer. Table et banc à gauche ; à droite, façade de la maison.

SCÈNE PREMIÈRE

CARDILLO, assis sur un banc ; il écrit sur un carnet.

SONNET.

On dit : « Propre à rien de poëtes,
Quel est votre but ici-bas ?
Les belles rimes que vous faites,
Amusent et ne servent pas ! »

(Il se lève.)

Je réponds : Un jeune homme offense
L'épouse à monsieur le baron,
Tandis que monsieur, sans défense,
Gémit au fond d'une prison.

Moi qui longtemps touchai ses gages,
Je veux le toucher par les gages
De mon fidèle dévouement.

Je veux dans l'eau noyer le traître,
Je veux délivrer mon bon maître
Et le chanter élégamment.

SCÈNE II.

CARDILLO, LE BATELIER.

CARDILLO, appelant.

Ho! batelier! ho!...

LE BATELIER, montant l'escalier de la terrasse.

Il ne fallait pas crier si fort... J'étais là.

CARDILLO.

Approche! Ce bateau est-il celui du comte Pericoli?

LE BATELIER.

Non, c'est celui que vous m'avez commandé.

CARDILLO.

Exactement pareil?

LE BATELIER.

Je le défie lui-même d'en faire la différence. J'ai amarré le mien, j'ai emmené le sien; et maintenant le diable n'y verrait que du feu.

CARDILLO, le faisant descendre.

Et tu me réponds que ce bateau coulera au fond de la mer à deux cents brasses du rivage?

LE BATELIER.

A deux cents brasses, non : l'homme pourrait gagner la terre à la nage; mais à deux mille; et s'il se tire de là, il aura du bonheur.

CARDILLO.

C'est qu'il en a toujours eu, le damné jeune homme! Les combinaisons les plus ingénieuses!... Il faut qu'il ait des reliques ou des amulettes plein ses poches. Dimanche encore, deux hommes superbes l'ont arrêté la nuit dans une allée de Villa-Reale. Le scélérat nous a assommé l'un et éclopé l'autre. Deux familles à la charge de M. le baron!

LE BATELIER.

Il a de quoi payer, heureusement. Je crois même qu'il paye d'avance!

CARDILLO.

Qui t'a dit ça?

LE BATELIER.

Personne; mais les deux cents ducats que vous m'avez promis seront aussi bien dans ma poche que dans la vôtre... et je les attends.

CARDILLO.

Ah çà! vil maraud! crains-tu qu'on ne te fasse banqueroute?

LE BATELIER.

Non! mais M. le baron del Grido est en prison depuis deux mois avec Birbone. On dit en ville qu'il sera condamné pour faux témoignage, et que ses écus pourraient bien entrer dans les coffres du roi.

CARDILLO.

Si mon maître est assez puissant pour frapper un ennemi du fond de son cachot, il est assez riche pour récompenser les amis qui le servent. Tiens! et va-t'en! On vient; je ne veux pas qu'on nous voie ensemble.

LE BATELIER.

Ni moi non plus. (Il sort.)

SCÈNE III.

CARDILLO, LÉONORA.

LÉONORA, entrant par la droite.

Qu'est-ce que vous regardez là?

CARDILLO.

Voyez vous-même. C'est un bateau... un joli petit bateau.

LÉONORA.

Le bateau de M. le comte Pericoli?

CARDILLO.

Vous le reconnaissez ?

LÉONORA.

Sans doute! Je l'ai vu assez souvent autour de la villa. Pauvre jeune homme! voilà pourtant deux grands mois qu'il vient sonner tous les jours à la grille du parc.

CARDILLO, se frottant les mains.

Il n'y reviendra plus!

LÉONORA.

Et pourquoi ?

CARDILLO.

Mais parce que madame vit dans la retraite, conformément aux ordres de monsieur... et qu'elle ne reçoit personne, sinon les amis de monsieur!...

LÉONORA.

Eh bien, monsieur avait-il raison de soupçonner la vertu de madame? A-t-elle seulement répondu aux lettres de M. Pericoli?...

CARDILLO.

Soyons équitable; madame est une digne personne, et nous l'avions calomniée.

LÉONORA.

Parlez pour vous!

CARDILLO.

Je n'ai jamais mal pensé de madame. C'est à M. le comte que j'en ai. C'est sa faute! Sans lui, monsieur ne serait pas en prison depuis soixante-trois jours avec Birbone et tous ces malfaiteurs.

LÉONORA.

Mais puisqu'il doit sortir aujourd'hui!

CARDILLO.

Hélas! nous n'en savons rien, c'est aujourd'hui qu'on le juge.

LÉONORA.

Moi, je suis persuadée qu'on l'acquittera; il est si vieux! On ne peut pas le condamner à une peine qu'il n'aurait pas le temps de subir... Avez-vous envoyé une voiture à Naples, comme madame vous l'a ordonné?

CARDILLO.

Certainement; mais qui peut dire si on nous le ramènera vivant?

LÉONORA.

Et pourquoi pas?

CARDILLO.

Parce qu'il a trop souffert là-bas; le chagrin l'a rongé, mademoiselle. La dernière fois que je l'ai vu, je l'ai trouvé vieilli de vingt ans!

LÉONORA.

Ah! la colère... Et puis, quand on ne peut pas se venger!...

CARDILLO.

Ah! pourquoi ne l'ont-ils pas jugé tout de suite?...

LÉONORA.

Pourquoi?... Ah! voilà! C'est Birbone.

CARDILLO.

L'infâme!

LÉONORA.

C'est lui qui a traîné l'affaire en longueur. Il connaît la chicane mieux qu'un vieil avocat.

CARDILLO.

Il a tué mon maître à petit feu... Savez-vous ce qu'il a osé dire à la dernière audience? « Messieurs, si vous me faisiez l'injure d'acquitter M. del Grido, je ne resterais pas une heure de plus sous le toit de la justice. » Je voudrais bien voir qu'il essayât de s'évader!

LÉONORA.

Chut! Madame la baronne!

SCÈNE IV.

LÉONORA, CARDILLO, GAETANA; elle entre sans les voir, une lettre à la main.

LÉONORA.

Pauvre madame! Comme elle est pâle! Elle aussi a bien souffert, et pourtant c'est la meilleure de tous!...

CARDILLO.

Rassurez-vous, mademoiselle Léonora! A partir de demain, elle n'aura plus personne à craindre. (A Gaetana.) Madame n'a pas besoin de nous?

GAETANA.

Non, mes amis!... laissez-moi!... (Ils sortent à droite.)

SCÈNE V.

GAETANA, seule. Elle s'assied sur le banc, déplie lentement la lettre et lit.

« Vous ne lisez pas mes lettres, Gaetana; je le sais, j'en suis « sûr, et pourtant je trouve un plaisir amer à vous écrire. Je ne « vis plus, je ne dors plus; la fièvre qui me brûle ne me laisse « de repos ni jour ni nuit. Ingrate! qu'ai-je donc fait pour mé- « riter votre haine? Avez-vous peur de moi? Doutez-vous de « mon respect et de mon obéissance? J'en suis sûr, on m'a « ruiné dans votre estime, chassé de votre cœur! Je ne sais pas « ce qu'ils ont pu vous dire, mais je jure que vous ne me con- « damnerez pas avant de m'avoir entendu! Accumulez les ob- « stacles, doublez les verrous (entre le comte), j'arriverai jusqu'à « vous par des chemins que l'audace de l'homme n'a jamais ten- « tés. Je tomberai au milieu de la solitude et de la paix qui vous « environnent, et je vous dirai... »

LE COMTE.

Gaetana, jugez-moi!

SCÈNE VI.

GAETANA, LE COMTE.

GAETANA, se rejetant en arrière.

Lui! Partez!...

LE COMTE.

Non, j'ai trop souffert!

GAETANA.

Et moi donc? Partez!...

LE COMTE, vivement.

Eh bien, soit! mais quand vous m'aurez dit ce que vous avez contre moi.

GAETANA.

Ce que j'ai? (S'avançant.) J'ai qu'un homme est prisonnier, malade, malheureux, condamné peut-être!... et ses douleurs, ses angoisses et ses larmes ont creusé un abîme entre nous.

LE COMTE.

Et moi aussi, j'ai été prisonnier! on a dressé mon échafaud sous les fenêtres de votre palais!

GAETANA.

Je ne m'en souviens plus! C'est lui qui est à plaindre. D'ailleurs, il est mon mari.

LE COMTE.

Il est indigne de vous.

GAETANA.

J'ai juré devant Dieu de lui rester fidèle! Et si j'ai pu vous résister lorsqu'il était là, je ne suis pas assez infâme pour le trahir lorsqu'il est enchaîné et sans défense.

LE COMTE.

Eh! s'il est en prison, c'est par son crime!

GAETANA, revenant.

Mais il n'aurait jamais été criminel, si vous ne m'aviez pas aimée!

LE COMTE.

Ah! vous me reprochez mon amour!

GAETANA.

Faut-il donc que je vous en remercie? Je pouvais être heureuse, ou du moins tranquille! Je pouvais vivre dans une douce ignorance de ces passions qui tuent!

LE COMTE.

Et de quoi vous plaignez-vous, si vous ne m'aimez pas?

GAETANA, à part.

Je ne l'aime pas! moi!... Va-t'en!

LE COMTE.

Non! Tu ne m'as jamais aimé! Tu es plus belle et plus pure, mais plus froide et plus altière que ces montagnes virginales qui portent sur leur front une neige éternelle!

GAETANA.

Tu mens! Je suis une femme, aussi faible, aussi folle et aussi déplorable que toutes les créatures de mon sexe!... (Lui prenant la main.) Crois-tu que mon cœur n'ait pas battu bien fort le jour de notre première rencontre? N'as-tu pas deviné que le son de ta voix éveillait quelque chose d'étrange et de nouveau dans ma pensée? Lorsque tu jouais cette comédie de réserve et de timidité qui m'a séduite; lorsque tu affectais d'étouffer tes ardeurs au fond de ton âme, ne voyais-tu pas briller dans mes yeux toutes les flammes d'une passion funeste? Le jour où tu as bravé en face l'homme qu'on m'avait appris à craindre et à respecter, ne savais-tu pas quel irrésistible empire ton courage maudit te donnerait sur moi? Et, lorsque tu marchais à l'échaufaud, ne comprenais-tu pas, cœur sans pitié, que j'étais trop faible et trop perdue pour te survivre? Va-t'en! (Elle s'éloigne à droite.)

LE COMTE, allant à elle.

Que je m'en aille, moi? lorsque ma vie commence, lorsque le ciel s'éclaire, lorsque tu viens de déchirer le voile qui me cachait tout un horizon de bonheur!... Non! Tu m'en as trop dit! Si tu voulais lutter plus longtemps contre moi, enfant que tu es, il ne fallait pas me livrer le secret de ta faiblesse!... Ah! tu m'aimes!... Tu m'appartiens!... Je t'arracherai, malgré toi s'il le faut, à ces prétendus devoirs auxquels on a enchaîné ta jeunesse! Viens!

GAETANA.

Mais alors tu es un lâche!... Je suis incapable de résister, je ne te le cache pas! Je t'avoue que, si tu tendais la main vers moi, je me laisserais tomber dans tes bras. La solitude, le chagrin, l'amour ont épuisé le peu qui me restait de force... Je me montre à toi telle que je suis... dans toute la tristesse de mon accablement, et tu veux, misérable que tu es, pour le plaisir de quelques jours ou de quelques années, ruiner mon honneur en ce monde et mon salut dans l'autre! Sais-tu bien que c'est infâme, ce que tu fais là?

LE COMTE, marchant sur elle.

Oui, je suis un lâche, un misérable, un infâme!... (Il lui prend les mains.) Mais je t'aime!... Honneur, devoir, réputation, le salut même, tout cela pâlit et s'efface à la lumière éblouissante de l'amour!... Il n'y a point de douleur qu'il ne console, point de danger qu'il ne brave, point « de crime [1] » qu'il ne justifie! Viens, nous serons blâmés, nous serons maudits, nous serons coupables, mais nous serons heureux!

GAETANA, reculant.

Heureux!... Crois-tu?

LE COMTE, l'entraînant.

Oui, nous fuirons ensemble, aujourd'hui même, tout est disposé. J'ai recueilli les débris de ma fortune; un navire nous attend! Nous irons auprès de Florence, dans le jardin de l'Italie délivrée. Un ami sûr a choisi pour nous une maisonnette aux bords de l'Arno. Nous vivrons seuls, l'un pour l'autre, inconnus du monde entier, invisibles à la curiosité des villes, entourés de quelques braves paysans qui admireront ta grâce, qui béniront ta bienfaisance... qui t'adoreront comme « la patronne de leur église [2]... » et la providence de leur foyer!... Viens!

1. *D'action.* Commission d'examen.
2. Coupé par la commission d'examen.

SCÈNE VII.

Les Mêmes, LE BARON, paraissant au fond, pâle et défait. Il entre en scène en faisant un geste de menace; mais, aux premiers mots de Gaetana, il faiblit et s'appuie à la balustrade.

GAETANA, au comte. Elle recule jusqu'au banc où elle tombe.

Mon ami!... ayez pitié de moi! (Le comte s'agenouille.) Permettez-moi de vivre et de mourir sans reproche. Ma mère, qui ne m'a donné que de beaux exemples, serait trop malheureuse là-haut, si elle me voyait hors de la bonne route! Moi-même, Gabriel, j'ai pris l'habitude de regarder dans mon miroir la figure d'une femme de bien. (Elle se lève.) Le devoir, qui est une loi pour tout le monde, est pour moi quelque chose de plus. C'est l'atmosphère que j'ai respirée dès l'enfance, le milieu où j'ai vécu. Si vous me transportiez hors de là, je croirais que l'air me manque, et bientôt, mon pauvre ami, il n'y aurait plus de Gaetana! (Le comte se lève.)

LE COMTE.

Et moi, je vois dans l'avenir une Gaetana nouvelle!... Non plus timide et languissante et soumise en esclave aux lois « absurdes[1] » de la société; mais libre, radieuse, marchant d'un pas résolu dans la lumière et dans la joie, et s'éblouissant elle-même par l'éclat de son bonheur et de sa beauté. Viens! l'univers est à nous! nous sommes les maîtres de la terre!

GAETANA, se débattant.

Laisse-moi!

LE COMTE.

Viens!

GAETANA.

Jamais!

LE COMTE.

Il faudra donc que je t'emporte dans mes bras?

1. Coupé par la commission d'examen.

GAETANA, se reculant.

Comte Pericoli! j'ai dit que je voulais vivre et mourir en femme de bien!... Si vous faites un pas, je me précipite du haut de cette terrasse, et vous irez là-bas chercher votre maîtresse!

LE COMTE, la ramenant.

Non, tu ne mourras point quand la vie peut être si belle! Je te défendrai par la force contre la folie de ta vertu!

GAETANA.

Tu le veux! Que Dieu me pardonne! (Elle court au parapet, aperçoit le baron et recule en poussant un cri.)

LE BARON, s'avançant en se soutenant à peine; au comte.

Je vous trouverai donc toujours sur mon chemin! Dieu soit loué! j'arrive à temps! (Il chancelle.) Ah! mes forces...!

LE COMTE veut le soutenir.

Monsieur le baron...

LE BARON, le repoussant avec horreur.

Non.

GAETANA, le soutenant.

Vous êtes blessé?

LE BARON, tristement.

Non, mais brisé!

LE BARON.

Les juges m'ont acquitté; je suppose qu'ils ont eu pitié de mon grand âge!... Ils ont cru que j'avais cent ans pour le moins!... N'est-ce pas, monsieur le comte, que j'ai l'air d'un vieillard de cent ans?

GAETANA.

Vous vivrez de longues années!

LE BARON.

Non! non! Rassurez-vous... voici la fin de vos peines.

GAETANA, doucement.

Monsieur!

LE BARON.

Oh! je ne vous reproche rien!... « C'est ma faute! J'ai été bien

« injuste envers vous! (Avec force.) Aujourd'hui même... lorsque « les portes de la prison se sont ouvertes devant moi, je me suis « élancé vers vous avec toute l'impétuosité de la haine et de la « vengeance!... Je croyais... je voulais... Mais je sais maintenant... « j'ai entendu... je suis désarmé... et brisé... J'ai vécu toute une « vie en moins d'une heure... Pauvre enfant! elle allait pourtant « mourir, si je ne m'étais pas trouvé là!

« GAETANA.

« Je vivrai maintenant pour vous faire oublier tout ce que vous « avez souffert.

« LE BARON.

« Ah! l'oubli n'est pas loin, ma pauvre fille! Mais, avant de « m'en aller au pays où l'on oublie, je veux que vous me par- « donniez mes injustices et le mal que je vous ai fait.

« GAETANA.

« Mon malheur est mon ouvrage. Si j'avais su fermer mon cœur « à tous les sentiments qui m'étaient défendus... »

LE BARON.

C'est moi qui n'ai pas su me faire aimer. Je vous aimais pourtant!... trop peut-être! Je ne m'étais pas laissé le temps d'être jeune! Je m'étais dit : Soyons riches d'abord; nous verrons ensuite à jouir de la vie; et, quand je suis arrivé au terme que j'avais fixé moi-même, il était trop tard, j'étais vieux!... Je me suis révolté contre la vieillesse... j'ai lutté... j'ai fait des malheureux!... Dites-moi que vous me pardonnez, Gaetana!

GAETANA.

Mon ami!... que Dieu me pardonne un jour comme je vous pardonne!

LE BARON.

Merci!... (Capricana entre suivi de Cardillo, de Léonora et des autres domestiques.)

SCÈNE VIII.

LES MÊMES, CAPRICANA, CARDILLO.

CAPRICANA, *entrant.*

Monsieur le baron !

GAETANA, *courant au docteur, qui vient de grotte.*

Monsieur Capricana... dites-lui, cher docteur, que vous le sauverez !

LE BARON.

Si votre pardon ne m'a pas guéri, que pourrait faire la science ? *(Le baron au comte.)* Approchez, monsieur le comte. Vous n'avez pas vieilli, vous ! Il a toujours trente ans ! Je vous ai détesté cordialement, je vous hais encore ! *(A Cardillo.)* As-tu fait ce que j'ai dit ?

CARDILLO.

Oui, monsieur le baron, tout est prêt.

LE BARON.

Merci ! *(Au comte.)* J'aime à croire que vous n'êtes pas curieux d'assister à mes derniers moments. Embarquez-vous pour Naples, monsieur Pericoli !... Il sera toujours temps de revenir ici quand je n'y serai plus. Demain, par exemple... Pour aujourd'hui, je vous souhaite un bon voyage... *(Il tombe à demi évanoui.*

SCÈNE IX.

LES MÊMES, BIRBONE.

BIRBONE, *entrant en courant.*

Ah ! monsieur le comte, sauvez-moi !

LE COMTE.

Birbone !

BIRBONE.

Les sbires sont à mes trousses ! je suis perdu si je ne trouve un bateau pour gagner les îles.

LE COMTE.

Qu'as-tu donc fait?

BIRBONE.

J'ai percé deux gros murs, escaladé un toit, enfoncé quatre portes, et fait la route à pied jusqu'ici. Pour Dieu, prêtez-moi un bateau!

LE COMTE.

Prends le mien, pauvre diable, et tâche de vivre en honnête homme!

LE BARON se lève.

Arrêtez... Birbone!... Je ne veux pas... (Au comte.) C'est à vous de partir!... Ah! (Il tombe dans les bras du docteur.)

CAPRICANA.

Vous êtes veuve, madame.

GAETANA.

Dieu! (A Capricana.) Mon ami... vous me conduirez demain au couvent des Carmélites. (Elle se précipite sur le corps du baron.)

LE COMTE, avec désespoir.

Perdue pour toujours!

BIRBONE.

Bah! le couvent est une prison comme une autre... on s'en échappe... (Il s'embarque.) [1]

1. Cet acte n'est pas excellent; mais qui donc le savait, parmi ceux qui l'ont sifflé? Les acteurs, exténués, l'ont joué en pantomime, et personne ne l'a entendu.

FIN.

LES ÉMOTIONS

D'UN AUTEUR SIFFLÉ

M. Victor Hugo, dans un de ses plus beaux livres, analyse les sentiments et les idées d'un condamné à mort. Toutefois, il manque un chapitre à l'ouvrage. Le malheureux qu'on a mis en scène et qui raconte ses impressions lui-même ne peut pas nous dire la fin. Il laisse la curiosité du lecteur à moitié satisfaite; il nous fait tort de sa dernière émotion; on voudrait le ressusciter pour entendre de sa bouche ce qu'il a souffert sous le couteau.

Les auteurs sifflés survivent généralement à la chute de leurs ouvrages; vous n'avez pas besoin de les ressusciter pour apprendre d'eux-mêmes ce qu'ils ont senti au bon moment. Êtes-vous désireux d'étudier cette question sur le vif? Écoutez, c'est le condamné qui raconte, comme dans le beau livre de M. Victor Hugo. La scène se passe le lendemain de l'exécution, je veux dire de la représentation.

« Ne me croyez pas meilleur que je ne suis. J'ai commis le crime. Oui, j'ai fait un drame avec préméditation et sans aucune circonstance atténuante. Rien au monde ne m'y obligeait; je pouvais rester innocent : il suffisait de me croiser les bras. Je pouvais passer le temps à boire de la bière et à fumer des pipes au fond d'une brasserie, et mériter ainsi l'estime de mes jeunes contemporains. Peut-être la nature m'avait-elle créé pour cette riante destinée. C'est la lecture des romanciers qui m'a perdu.

Une jolie nouvelle de Charles de Bernard m'inspira la première idée. Quelques amis, quelques complices, si le mot vous paraît plus juste, m'aveuglèrent sur les dangers d'une telle action et me poussèrent en avant. Je travaillai plusieurs mois de ce travail assidu, obstiné, opiniâtre, qui trouve sa récompense, dit-on, et je finis par écrire cinq actes.

Je les portai à la Comédie-Française, et le comité de lecture, moins lettré, sans doute, que les brasseries du quartier latin, eut la faiblesse de les recevoir. On trouva là dedans quelques scènes hardies et nouvelles, et je persiste à croire aujourd'hui que ce drame aurait pu intéresser le public, si le public avait pu l'entendre.

Heureux l'auteur qui fait admettre une pièce au Théâtre-Français! il est sur le chemin des honneurs et de la fortune. Qu'il soit habile, insinuant, protégé, bien en cour, il distancera tous ses rivaux en un rien de temps et s'emparera de l'affiche. Je fus mis en répétition au bout de quatorze mois; on me répéta avec beaucoup de zèle et de talent. La pièce était admirablement montée : Geffroy, Got, Bressant, Monrose, Mirecourt et cet excellent Barré; Mlle Favart, ce camée antique, et Mlle Riquer, ce pastel de Latour! Je retirai la pièce après deux mois de répétitions.

Mlle Favart était tombée malade; je ne voyais qu'elle ou Mlle Thuillier dans le rôle de Gaetana. D'ailleurs, l'été approchait; la direction de la Comédie-Française, après m'avoir fait attendre un peu plus que de raison, annonçait la résolution de me jouer en pleine canicule. Je repris mon manuscrit et je passai les ponts.

Ce ne fut pas sans regretter amèrement les interprètes que je laissais en arrière. Je savais que la troupe de l'Odéon, à part quelques artistes de premier ordre, ne vaut pas celle du Théâtre-Français; mais je comptais (voyez un peu comme on s'abuse!) sur la sympathie d'un public jeune.

Le public de la Comédie-Française est bien élevé, mais un peu froid, blasé et sceptique. Il ne se fâche pas pour un rien, mais, en revanche, il est difficile à émouvoir. Tout bien pesé, j'aimais mieux offrir ma pièce à la jeunesse des Écoles. J'ai vécu par là, dans mon temps; il y aura juste dix ans, le 15 de ce mois, que j'en suis sorti pour aller voir Athènes. J'ai fait, entre le Panthéon et la Sorbonne, une petite provision d'idées et de sentiments qui sont encore aujourd'hui le fond de mon être. J'ai applaudi aux cours de Jules Simon et donné quelques coups de poing dans l'amphithéâtre de M. Michelet. Que diable! le quartier latin serait bien changé si je ne trouvais pas un peu de sympathie chez nos jeunes camarades! N'ai-je point bataillé sept ou huit ans pour cette vieille révolution que tous les jeunes gens aimaient en ce temps-là? Ai-je déserté nos anciens drapeaux, religieux ou politiques? Ai-je insulté les dieux de la littérature et de l'art? Ai-je manqué une occasion de défendre Victor Hugo à Guernesey, David (d'Angers) dans l'exil ou dans la tombe? David, le grand David m'embrassait comme un fils à son lit de mort, et je garde un médaillon de Rouget de l'Isle, où il écrivit mon nom de la main gauche lorsqu'il était déjà paralysé du côté droit.

Il est vrai que je n'ai sacrifié ni mon temps ni ma santé sur les autels de la bohème. Est-ce un crime? La rive droite dit non, la rive gauche dit oui. Pauvres enfants du quartier latin! les brillants capitaines de la bohème ne sont plus, et vous obéissez au commandement des goujats de l'armée. Murger, que j'aimais comme un frère et qui me le rendait bien, m'a dit encore l'an passé : « La bohème n'est pas une institution; c'est une maladie, et j'en meurs! »

Mais pardon; c'est de *Gaetana* qu'il s'agit pour le moment.

Les artistes de l'Odéon l'ont répétée six ou sept semaines. Vous ne savez peut-être pas, ô travailleurs naïfs! qu'il y a près d'un an de labeur assidu dans l'œuvre que vous abattez d'un coup de sifflet! On ne vous a pas dit que la clef de votre chambre, appuyée contre vos lèvres, faisait tomber des murailles plus douloureusement bâties que les remparts de Jéricho !

Si du moins les auteurs étaient vos seules victimes! Mais voici Mlle Thuillier, une grande comédienne, une âme intrépide dans un corps fragile, une pauvre pythie inspirée et souffrante qui transforme les tréteaux en trépieds! voilà Tisserant, l'honnête, le sincère, le courageux artiste, un des précepteurs de votre jeunesse, s'il vous plaît, car les belles vérités qui sont tombées dans vos oreilles depuis dix ans et plus avaient toutes passé par sa bouche! et Ribes, si jeune et si fier! et Thiron, qui est des vôtres, car c'est un véritable étudiant de la Comédie, et le plus gai, le plus laborieux de vous tous! Vous avez sifflé ces gens-là comme des cabotins de banlieue! Vous leur avez lancé à la face cet outrage sanglant qui a tué, le mois dernier, une pauvre femme appelée Mme Faugeras. Et pourquoi l'avez-vous fait? Pour suivre quelques meneurs aux mains sales qui écriront peut-être les Mémoires du père Bullier, mais qui ne feront jamais ni un drame, ni une comédie, ni un livre, ni rien !

Je ne suis pas contraire au sifflet, quoique je préfère assurément les formes polies de la critique. J'ai sifflé à ma façon, poliment, un certain nombre d'abus. Mais je ne comprends pas qu'on siffle une pièce avant de l'avoir entendue, et pour le plaisir stérile de se montrer ennemi de l'auteur. Je comprends encore moins qu'on siffle bêtement et sans comprendre les choses. L'un de vous, par exemple, a relevé énergiquement cette phrase : « Les jeunes gens de notre temps ne s'en vont jamais sur un baiser fraternel! » L'homme qui parlait ainsi sur la scène était un mari jaloux. Sa femme venait de lui dire : « Un jeune homme est amoureux de moi, il souffre, il est parti, il s'est engagé comme soldat dans l'armée de l'indépendance italienne. En lui disant adieu, je lui ai donné un baiser au front, le baiser d'une sœur à son frère. — Alors, ma chère, répond le jaloux, votre amant n'est point parti. Les jeunes gens de notre temps ne s'en vont jamais sur un baiser fraternel ! » Là-dessus, ô jeunes gens, un habitant du parterre s'est écrié : « N'insultez pas la jeunesse ! » Mais cet orateur était-il bien l'un de vous ? Y a-t-il dans les écoles de Paris un futur médecin, un avocat de l'avenir assez naïf pour prendre ainsi la mouche ? Le niveau des intelligences s'est-il abaissé à ce point depuis dix ans ? Non, ce n'est pas un de vous, c'est plutôt quelqu'un de vos portiers qui s'est dit dans son zèle excessif : « On insulte mes locataires ! »

J'ai su, vers les dernières répétitions, qu'une forte cabale s'armait contre la pièce. Et, faut-il l'avouer ? j'estime tant la jeunesse française, que j'ai souri au lieu de trembler. Quelques étudiants m'ont fait l'amitié de me mettre sur mes gardes ; j'ai insisté pour que la police fût exclue de la représentation. On n'a pas voulu m'écouter ; on a même arrêté une quinzaine de grands enfants qui avaient fait du bruit sans savoir pourquoi. A la première nouvelle de cet accident, j'ai couru les réclamer comme s'ils avaient été de mes amis, et je les ai fait rendre à la liberté sur l'heure. Je ne les connais pas, ils me connaissent peu ou mal ; mais, si ces lignes tombent jamais sous leurs yeux, ils auront peut-être un instant de remords. Qu'ils songent à leur première thèse, à leur premier examen, à leur premier concours, à leur première plaidoirie ; qu'ils se figurent autour d'eux un auditoire comme celui qu'ils m'ont fait : peut-être alors reconnaîtront-ils qu'il y a de l'injustice à siffler les gens sans les entendre.

Une dernière observation. Elle ne s'adresse pas aux meneurs, que je n'aurais pas la prétention de convaincre, mais à la foule des jeunes gens honnêtes qui se laissent quelquefois mener. Il se trouve, heureusement pour eux, que l'auteur est un caractère robuste, qui rebondit contre la haine au lieu de s'y briser en éclats. Mais, si j'étais un de ces esprits craintifs qu'un rien dégoûte de la vie ; si j'étais allé me jeter à la Seine, du haut d'un pont, au lieu d'aller conter cette chaude soirée à ma mère : avouez, messieurs, que vous auriez fait là une belle besogne. Ou si même j'étais dans un de ces embarras qui ne sont, hélas ! que trop fréquents dans la vie des gens de lettres; si j'avais eu besoin du succès d'hier au soir pour déjeuner ce matin : vous auriez commis une cruauté gratuite et vous n'auriez pas eu l'excuse de la passion littéraire, car vous ne savez pas si la pièce est bonne ou mauvaise, bien ou mal écrite : vous avez toussé, sifflé et crié dès le commencement du premier acte !

Je me hâte de vous affranchir d'un tel souci. Je me porte bien, j'ai dormi cette nuit, j'ai déjeuné tant bien que mal ce matin, et, si j'ai les nerfs un peu agacés, il n'y paraîtra plus dans deux heures.

Il y a mieux : j'espère que la pièce se relèvera d'elle-même après avoir lassé la cabale, et je ne la tiens pas pour morte. »

Ainsi parlait, ami lecteur, un dramaturge sifflé hier au soir. Il prétend que sa pièce n'est pas morte ; je lui ris au nez, et je répète ce mot d'un sergent qui ramassait les morts sur un champ de bataille : « Si on les écoutait ils diraient tous qu'ils ne sont que blessés ! »

PARIS. — IMPRIMERIE DE J. CLAYE, RUE SAINT-BENOIT, 7

www.ingramcontent.com/pod-product-compliance
Ingram Content Group UK Ltd.
Pitfield, Milton Keynes, MK11 3LW, UK
UKHW031911260826
14628UKWH00003B/1130

9 782329 447605